Maria Helena Morales Silva

CÓMO LLEGAR A SER LIDER

CÓMO LLEGAR A SER LIDER

WARREN BENNIS

Traducción
Jorge Cárdenas Nannetti

GRUPO EDITORIAL norma

Barcelona, Bogotá, Buenos Aires, Caracas, Guatemala, México, Miami, Panamá, Quito, San José, San Juan, San Salvador, Santiago de Chile.

El poema *Los seis paisajes significativos,* de Wallace Stevens,
se ha tomado de *The Collected Poems of Wallace Stevens*
y se incluye en esta obra con permiso del editor Alfred A. Knopf, Inc.

Edición original en inglés:
ON BECOMING A LEADER
de Warren Bennis.
Una publicación de Addison-Wesley Publishing Company, Inc.
Reading, Massachusetts 01867, U.S.A.

Edición en español, 1990, para todo el mundo de habla hispana
por Editorial Norma S. A.
Apartado Aéreo 53550, Bogotá, Colombia.

Impreso por Cargraphics S. A. — Impresión Digital
Impreso en Colombia — Printed in Colombia

Directora editorial, María del Mar Ravassa G.
Editor, Armando Bernal M.
Jefe de edición, Nancy Z. de Ujfalussy
Diseño de cubierta, Mónica Bothe

ISBN 958-04-3664-9

02 01 00 99 2 3 4 5

A Tom Peters y Morgan McCall,
quienes mostraron el camino.

Contenido

Prólogo

Siempre me ha impresionado cuánto trecho hay entre la teoría y la práctica; entre lo que uno piensa y enseña, y lo que hace. Y siempre he creído que debe haber una manera de proceder mejor que la de Próspero, que arrojó lejos de sí su libro de magia cuando hubo de abandonar la isla para volver a ocupar su posición de líder en el seno de la sociedad.

Quise por primera vez codificar esta relación hace veinte años, cuando me nombraron director de las escuelas profesionales y de ciencias sociales de la Universidad del Estado de Nueva York, en Buffalo. Llevé entonces un libro por partida doble, en el cual anotaba de un lado la teoría y del otro lo que en realidad había hecho, con la esperanza de descubrir qué era lo que desarmaba y minaba las tesis que yo había sostenido con tanta firmeza en mi isla, el aula, antes de ponerlas en el mundo de la administración universitaria. A los dos años desistí. Había aprendido — aunque tan sólo fuera eso — que T. S. Eliot tenía razón cuando escribió en su poema *Los hombres vacíos* que "Entre el pensamiento / y la acción / cae la sombra".

Sin duda, mi interés en el arte y en la ciencia del liderazgo se despertó durante mis años en Buffalo y mi posterior cargo de rector de la Universidad de Cincinnati, lo mismo que mi convicción de que la práctica vale más que la prédica. También aprendí el valor, e incluso la necesidad, de desaprender de primera mano.

Podría decirse que este libro se empezó a escribir el día que entré en lo que Seymour Sarason llamó "la caldera de la acción, el poder y la presión", y me vi en el caso de practicar en lugar de limitarme a predicar.

Con ese ánimo le deseo buena suerte y buen viaje al lector que va a emprender el más emocionante y provechoso de su vida.

W. B.

Santa Monica, California
Diciembre de 1988

Introducción

En el decenio pasado dediqué la mayor parte de mi tiempo al estudio del liderazgo. Parte integrante de tal estudio fueron la observación y las entrevistas con algunas de las figuras sobresalientes de este país, hombres y mujeres. Mi primer informe sobre este asunto se publicó con el título *Leaders* [publicado por Editorial Norma en 1985, bajo el título *Líderes: Cuatro estrategias para el liderazgo eficaz*], con Burt Nanus como coautor. De pronto me vi elevado a la categoría de autoridad en la materia. Cuando alguien en cualquier parte quería hacer una pregunta sobre liderazgo, inevitablemente acudía a mi puerta. Esto lo digo con tanta mortificación como orgullo, pues yo no tenía todas las respuestas.

El estudio del liderazgo no es tan exacto, digamos, como el estudio de la química. Entre otras cosas, el mundo social no es tan ordenado como el mundo físico, ni tan susceptible de reglas. Por otra parte, las personas, a diferencia de los sólidos, los líquidos y los gases, no son nada uniformes ni nada previsibles en su comportamiento. Habiendo sido maestro y estudiante durante toda mi vida adulta, me cuido mucho de llegar precipitadamente a conclusiones o de concederles a las pruebas más valor del comprobadamente verdadero. Así, me he visto obligado, una y otra vez, a condicionar mis respuestas. La gente quería La Verdad, y yo le he dado opiniones. En cierto modo, el liderazgo es como la belleza: difícil de definir pero fácil de reconocer si uno lo ve.

Todavía no tengo todas las respuestas, pero en los años transcurridos desde la publicación de *Leaders* he aprendido mucho más acerca del liderazgo. Aquí va, pues, mi segundo informe. *Líderes* trataba del *qué*; *Cómo llegar a ser líder* trata del *cómo*: cómo llega una persona a ser líder, cómo dirige a los demás, y cómo las organizaciones estimulan o paralizan a los líderes potenciales.

Pero como el liderazgo, por definición, no puede ejercerse en el vacío, he comenzado con el contexto actual — los millares de fuerzas que conspiran contra el presunto líder. Todo el mundo se queja de una supuesta falta de liderazgo en los Estados Unidos de hoy, y normalmente le achacan la culpa al individuo que no ha sabido ponerse a la altura de las circunstancias. Ambición, timidez y falta de visión son sumamente comunes en la actual cosecha de seudo-líderes. Ciertamente, por más líderes que tengamos en el país — y yo sé que hay muchos porque los he conocido y he hablado con ellos — no nos vendrían mal unos cuantos más, sobre todo a nivel nacional. Pero nuestras deficiencias como individuos son sintomáticas de un problema mucho más vasto.

Si con razón se puede decir que con demasiada frecuencia nuestros ciudadanos dirigentes parecen incapaces de dominar sus distintos campos de acción, mucho más se justifica agregar que el mundo mismo está descontrolado. Los cambios que ha habido en el curso de la última generación han sido tan radicales que parece que hasta en los negocios el resto del mundo juega al fútbol mientras los Estados Unidos juegan al rugby. No es simplemente que las reglas hayan cambiado; es que es un juego distinto.

Por esta razón, antes de que una persona pueda aprender a dirigir, tiene que aprender algo acerca de este extraño mundo nuevo. En efecto, el que no domine este contexto cambiante será dominado por él. Muchos han prevalecido, incluso los líderes que aparecerán en estas páginas. Se extienden por todo el mapa en cuanto a antecedentes, experiencia y vocación, pero todos tienen en común la pasión por las promesas de la vida y la capacidad de expresarse completa y libremente. Como lo vamos a ver, la autoexpresión libre y total es la esencia misma del liderazgo. Ralph Waldo Emerson lo dijo: "El hombre es apenas la mitad de sí mismo; la otra mitad es su expresión".

Cómo llegar a ser líder se basa en el supuesto de que los líderes son personas que saben expresarse en forma completa. Quiero decir con esto que se conocen a sí mismos, saben cuáles son sus capacidades y sus fallas, y cómo desplegar totalmente esas capacidades y compensar esas fallas. También saben lo que quieren, por qué lo quieren, y cómo comunicarles a otros lo que quieren a fin de lograr su cooperación y su apoyo. Finalmente, saben cómo alcanzar sus metas. La clave de la autoexpresión completa es la comprensión de sí mismo y del mundo; y la clave de la comprensión es aprender... de la vida y las experiencias propias.

Llegar a ser líder no es fácil, como no es fácil llegar a ser médico o poeta, y el que sostenga lo contrario se engaña. Pero aprender a dirigir es mucho más fácil de lo que generalmente se cree, porque todos tenemos la capacidad de liderazgo. En efecto, casi todos podemos señalar alguna experiencia de liderazgo. Tal vez no haya sido esta experiencia dirigir una compañía o gobernar un país, pero, como escribió Harlan Cleveland en *The Knowledge Executive*,

> *La aristocracia de los realizadores es numerosa y extensa... Pueden ser líderes en la política o en los negocios, en la agricultura o en el trabajo, en el derecho, en la educación o el periodismo, en la religión o en la acción afirmativa, o en la vivienda comunitaria, o en cualquier cuestión de política desde el aborto hasta el zoológico municipal... Su mandato puede referirse a asuntos de la comunidad, a decisiones nacionales o cuestiones mundiales; a toda una industria o profesión multinacional o a un tramo más estrecho pero más profundo de la vida y del trabajo: a una sola granja, a una agencia local, o a un vecindario.*

Podría haber incluido en esta lista un aula. Cualquiera que haya sido la experiencia de liderazgo que uno ha tenido, es un buen punto de partida.

En realidad, el proceso de convertirse en líder es muy parecido al proceso de convertirse en un ser humano bien integrado. Para el líder, como para la persona bien integrada, su carrera profesional es la vida. Discutir el proceso en términos de "líderes" es sólo una manera de concretarlo.

Braque, el pintor francés, dijo una vez: "Lo único que importa en el arte no se puede explicar". Lo mismo se podría decir del liderazgo; pero éste, como el arte, sí se puede demostrar. Y a mí todavía me fascina observar y escuchar a algunos de los más distinguidos líderes de este país como me fascinaba hace casi diez años cuando empecé a estudiar el liderazgo. Lo mismo que las demás personas, estos distinguidos hombres y mujeres son la suma de todas sus experiencias; pero, a diferencia de la mayoría de las personas, cada uno vale más que esa suma porque ha aprovechado mejor sus experiencias. Estas son originales, no copias.

Mis paradigmas son, pues, líderes, no teorías acerca de los líderes, y líderes que actúan en el mundo real más bien que en algún escenario artificial. Escogí deliberadamente personas no sólo competentes sino de múltiples capacidades: un escritor que hoy es jefe ejecutivo de una empresa, un científico que dirige una fundación, un abogado que formó parte del gabinete ministerial, un hombre de treinta y siete años que emprendió su tercera carrera profesional. Son personas cuyas vidas han sido decisivas; personas precavidas, capaces de hablar con claridad, reflexivas.

Como yo sostengo que nuestra cultura en la actualidad está dominada y moldeada por los negocios, casi una tercera parte de este grupo de líderes están en los negocios. (A los que me replicaran que son los medios de comunicación los que la moldean, yo les diría, como dice el productor de televisión Norman Lear, que incluso a la televisión la moldean los negocios.) Algunos dirigen compañías norteamericanas sobresalientes, otros tienen sus propias empresas. Hay también entre ellos siete líderes de los medios de comunicación y las artes, cuatro que cambiaron una carrera en los negocios por empresas sin ánimo de lucro, una figura deportiva, un académico, un escritor psicoanalista, un procurador auxiliar de distrito, el científico y el abogado nombrados antes y Betty Friedan, el ama de casa convertida en autora y líder feminista que inspiró una revolución. Como se habrá observado, he excluido a los políticos, porque los políticos sinceros son muy escasos, y a mí me interesaban más las ideas que la ideología.

Estos líderes no son, ni con mucho, gente común y corriente. Trabajan allá afuera en la frontera donde el mañana empieza a tomar forma y sirven aquí de guías — guías a las cosas tales como son y como van a ser, o exploradores que informan desde el frente. Siendo muy diversos en antecedentes, edades, ocupaciones y realizaciones, están de acuerdo en dos puntos básicos:

En primer lugar, todos convienen en que los líderes se hacen, no nacen, y se hacen por sí mismos más que por medios externos. En segundo lugar, están de acuerdo en que nadie se propone hacerse líder por el solo gusto de serlo, sino más bien para expresarse libre y totalmente; es decir, que los líderes no tienen interés en probarse a sí mismos sino un interés permanente en expresarse. La diferencia es crucial, pues es la diferencia que hay entre ser conducidos, como lo son muchos hoy, y conducir, que es lo que muy pocos hacen.

Otra cosa que tienen en común estos individuos es que todos han seguido creciendo y desarrollándose a lo largo de la vida. Esto está dentro de la mejor tradición de liderazgo — personas tales como George Bernard Shaw, Charles Darwin, Katharine Hepburn, Martín Lutero, el mahatma Gandhi y Jean Piaget son unos pocos ejemplos que vienen al punto a la memoria. De Winston Churchill se dice que anduvo por la vida sin rumbo fijo hasta los sesenta y seis años.

Así que una de las cosas de que trata este libro es del aprendizaje del adulto. La mayor parte de los psicólogos prácticamente no tienen nada que decir sobre la vida mental, el aprendizaje y el crecimiento en la edad adulta. No sé por qué siempre asociamos el comportamiento creativo y el aprendizaje con la juventud. Creo que es cuestión de hábito social que no pensemos en los mayores de cuarenta y cinco años como aprendices. Ciertamente, si examinamos suficientes ejemplos de personas mayores que siguieron aprendiendo — Churchill, Picasso, Beethoven, y hasta Freud — tenemos que revisar nuestros supuestos.

Como seguimos cuestionando estos supuestos, no hay teorías. Pero la mejor información de que disponemos sugiere que los adultos aprenden mejor cuando ellos mismos se encargan del aprendizaje. Encargarse uno de su propio aprendizaje es parte de encargarse de su propia vida, lo cual es requisito *sine qua non* para llegar a ser una persona bien integrada.

Pero entre todas las características que distinguen a las personas que figuran en este libro, la más fundamental es la preocupación por un propósito guía, una visión superior. Todas ellas se dirigen no sólo hacia una meta. Como dice Karl Wallenda: "Andar sobre la cuerda floja es vivir; todo lo demás es esperar". Junto con la visión, meta obligada, está la importancia de la metáfora que incorpora y realiza esa visión. Para Darwin la metáfora fecunda era un árbol ramificado de la evolución en el cual podía trazar el origen y el destino de las especies. William James consideraba los procesos mentales como una corriente o un río. John Locke veía al halconero que, al soltar al ave, simbolizaba "su propia visión emergente del proceso creativo"; esto es, la búsqueda del conocimiento humano. Quizá ninguna de las metáforas de este grupo sea tan profunda, pero sirven al mismo fin.

Thomas Carlyle dijo: "El ideal está en ti mismo; el impedimento también está dentro de ti". Como lo aprendimos de Sócrates y Platón, tales impedimentos se pueden superar haciendo un profundo examen y preguntas adecuadas en el momento oportuno. Todos estos líderes parecen haberse sobrepuesto a cualesquiera impedimentos que llevaran en sí, y en mis diálogos con ellos (pues no fueron entrevistas en el sentido corriente del término) no buscamos las viejas respuestas a preguntas conocidas, sino verdades acerca del liderazgo. En cierto modo, hicimos conjuntamente lo que cada uno de ellos ya había hecho individualmente en el proceso de hallar su propio medio de completa autoexpresión.

Platón sostenía que aprender es básicamente recuperar o recordar — que así como los osos y los leones saben por instinto cuanto necesitan saber para vivir, y simplemente lo hacen, así también nosotros lo sabemos. Pero en nuestro caso, lo que necesitamos saber se pierde entre lo que nos dicen que debemos saber. Así, pues, aprender es simplemente cuestión de recordar lo importante. Como lo dijo Jung, el psicoanálisis es menos una manera de curar que una manera de aprender.

De modo que cada cual ya sabe lo que necesita saber, pero cada cual tiene que recuperar ese conocimiento básico, y la recuperación empieza inevitablemente con preguntas. Yo tenía en la cabeza algunas preguntas al comenzar cada diálogo:

- ¿Cuáles cree usted que son las cualidades del liderazgo?

- ¿Qué experiencias fueron vitales para su desarrollo?
- ¿Cuáles fueron los momentos críticos de su vida?
- ¿Qué papel ha desempeñado el fracaso en su vida?
- ¿Cómo aprendió usted?
- ¿Hay personas en su vida o, en general, personas a quienes usted admira?
- ¿Qué pueden hacer las organizaciones para estimular o paralizar a los líderes?

Aun cuando estas preguntas son básicas, generaron respuestas sumamente diversas y heterogéneas, las cuales, a su vez, llevaron a la exploración de mis preocupaciones fundamentales: cómo aprenden las personas, cómo aprenden a dirigir a los demás, y cómo las organizaciones ayudan o dificultan el proceso — o para decirlo en pocas palabras, cómo se convierten en líderes las personas.

Nos complace la idea de que si una persona tiene talento, subirá de manera natural a la cima, como sube la crema al tope de la botella de leche — o subía cuando se envasaba en botellas, antes de que la descremáramos. Pero esto no es verdad. Stella Adler, en un tiempo actriz famosa y hoy más conocida como maestra activa, se niega a hablar de sus ex alumnos que han llegado a ser estrellas porque dice que tuvo muchísimos otros igualmente talentosos pero que jamás llegaron a esa eminencia, por una u otra razón, ya fuera falta de motivación o mala suerte, y ella no quiere correr el riesgo de mortificarlos con sus comentarios. Así como el talento histriónico no garantiza que uno llegue a ser un gran actor, tampoco la capacidad de liderazgo garantiza que uno llegue a dirigir una corporación o un gobierno. En efecto, en el contexto actual de triunfar o morir, suele suceder que las personas que más prometían encuentren más difícil realizar la promesa que otras personas más dóciles de carácter, porque, al menos en nuestro tiempo, la realización genuina puede ser menos estimada que el éxito simplista, y no todos los que son diestros para llegar a posiciones destacadas son necesariamente los que están preparados para conducir una vez que llegan.

Aun cuando he dicho que todo el mundo tiene capacidad de liderazgo no creo que todo el mundo llegue a ser líder, especialmente en el contexto confuso y con frecuencia antagónico en que hoy vivimos. Muchos son meros productos de su contexto, sin voluntad de cambiar, de desarrollar su potencial. Sin embargo, también creo que cualquier persona, de cualquier edad y en cualesquiera circunstancias, puede transformarse a sí misma, si quiere. Convertirse en el tipo de persona que es un líder, es el acto supremo de la voluntad libre, y si usted tiene la voluntad, éste es el camino.

Como la transformación es un proceso, *Cómo llegar a ser líder* es la historia de ese proceso, más bien que una serie de lecciones sueltas. Como historia moderna, no tiene principio, ni mitad, ni final. Pero sí tiene muchos temas recurrentes: la necesidad de educación, tanto formal como informal; la necesidad de desaprender para poder aprender (o como se dice que dijo Satchel Paige: "Lo que hace daño no es lo que uno no sabe, sino lo que uno sabe, pero que es falso"); la necesidad de reflexionar sobre lo que se aprende, para comprender el significado de la lección; la necesidad de correr riesgos, de cometer errores; y la necesidad de competencia, de dominio de la tarea que se va a realizar.

Ya lo sé: este libro tiene más *leitmotivs* que una ópera wagneriana. Pero ya les previne a ustedes que ésta era una cuestión complicada. Y no sólo se repiten los temas sino que se entrelazan unos con otros. Por ejemplo, lo que cuenta Sydney Pollack de dirigir a Barbra Streisand en el capítulo quinto, "Actuar por instinto", ilustra también el riesgo y la reflexión. Cuando el lector acabe de leer el libro la primera vez, le convendría volver a hojearlo. Ojalá lo haga.

En el fondo, llegar a ser líder es sinónimo de llegar a ser uno mismo. Es así de sencillo, precisamente; y también así de difícil. De modo que empecemos.

Reparto

Me gusta mucho la costumbre que tienen los novelistas rusos de poner al principio del libro el reparto de personajes que intervienen en la acción. Por eso doy a continuación la lista de los que figuran en *Cómo llegar a ser líder*, en orden alfabético. Sus biografías aparecen al final del libro.

HERB ALPERT y GIL FRIESEN, socios, A&M Records, A&M Films
GLORIA ANDERSON, periodista
ANNE BRYANT, directora ejecutiva, Asociación Americana de Mujeres Universitarias
JAMES BURKE, presidente de la junta directiva y jefe ejecutivo, Johnson & Johnson
BARBARA CORDAY, redactora de cine, vicepresidenta de programación, CBS Entertainment
HORACE DEETS, director ejecutivo, Asociación Americana de Personas Jubiladas
ROBERT DOCKSON, ex presidente de la junta directiva y jefe ejecutivo, CalFed
RICHARD FERRY, presidente y cofundador, Korn/Ferry International
BETTY FRIEDAN, autora, cofundadora de la Organización Nacional de Mujeres
ALFRED GOTTSCHALK, rector, Hebrew Union College
ROGER GOULD, psicoanalista y autor
FRANCES HESSELBEIN, directora ejecutiva, Girl Scouts of America
SHIRLEY HUFSTEDLER, abogada, ex juez, ex secretaria de Educación de los Estados Unidos
EDWARD C. JOHNSON III, jefe ejecutivo, Fidelity Investments
MARTIN KAPLAN, vicepresidente de producción, Walt Disney Pictures
BROOKE KNAPP, as de la aviación y jefa ejecutiva, Jet Airways
MATHILDE KRIM, científica y jefa ejecutiva, American Foundation for AIDS Research
NORMAN LEAR, redactor-productor y jefe ejecutivo, Act III Productions
MICHAEL MCGEE, director atlético, University of Southern California
SYDNEY POLLACK, director y productor de cine, ganador del Premio Oscar
JAMIE RASKIN, procurador general auxiliar, Boston
DON RITCHEY, ex jefe ejecutivo, Lucky Stores
RICHARD SCHUBERT, jefe ejecutivo, Cruz Roja Americana
JOHN SCULLEY, presidente de la junta directiva y jefe ejecutivo, Apple Computers

GLORIA STEINEM, escritora, fundadora-directora, *Ms*
CLIFTON R. WHARTON, JR., presidente de la junta directiva y jefe ejecutivo, Teachers, Insurance and Annuity Association, College Retirement Equities Fund
LARRY WILSON, empresario, fundador y ex jefe ejecutivo, Wilson Learning Corporation
RENN ZAPHIROPOULOS, fundador, Versatec

1

El dominio del contexto

A los líderes les corresponde un papel significativo en la creación del estado de ánimo de la sociedad. Pueden servir como símbolos de la unidad moral de la sociedad. Pueden expresar los valores que mantienen a la sociedad unida. Lo más importante es que pueden concebir y expresar metas que elevan a la gente por encima de sus mezquinas preocupaciones, la pasan por encima de los conflictos que despedazan una sociedad, y la unen en busca de objetivos dignos de sus mejores esfuerzos.

John W. Gardner
No Easy Victories

En noviembre de 1987 la revista *Time* preguntó en un artículo de fondo: "¿Aquí quién dirige?" y contestó su propia pregunta diciendo: "La nación llama a pedir liderazgo y no hay nadie en casa".

¿Qué fue de todos los líderes? Como las flores de la cancioncilla popular, "largo tiempo hace que se fueron". Todos los líderes a quienes respetábamos han muerto. Franklin D. Roosevelt, que retó al país para que se sobrepusiera a su miedo, no vive ya. Churchill, que pidió y obtuvo sangre, sudor y lágrimas, ha desaparecido. Schweitzer, quien inspiró a la humanidad reverencia por la vida en la selva del Lambaréné, murió también. Einstein, que nos dio el sentido de la unidad dentro de la infinitud, de armonía cósmica, ya no existe. Gandhi, los Kennedys, Martin Luther King, Jr. — todos fueron asesinados, casi como testimonio del peligro mortal de habernos revelado que podemos ser más grandes, mejores de lo que somos.

El escenario está cubierto de líderes caídos. El "presidente de Teflón" (el primer presidente desde Eisenhower que logró ejercer dos períodos completos) se manchó al final con los escándalos persistentes de su gobierno, en particular el desastre Irán-Contras, y todavía no sabemos qué papel desempeñó realmente su sucesor elegido. La campaña presidencial de 1988 se caracterizó menos por la estatura de los candidatos que compitieron que por la de los que no quisieron tomar parte en la competencia.

¿Qué se hicieron los líderes? Los que quedan son los luchadores jefes de corporaciones, los rectores universitarios, los administradores urbanos, los gobernadores de los Estados. Hoy los líderes parecen ser una especie amenazada de extinción, atrapados en el torbellino de sucesos y circunstancias que están más allá de todo control racional.

Hace unos pocos años, un científico de la Universidad de Michigan hizo una lista de lo que él consideraba los diez peligros básicos para nuestra sociedad. El primero y más significativo es la posibilidad de algún tipo de guerra o accidente nuclear que destruya a la raza humana. El segundo peligro es la perspectiva de una epidemia mundial, enfermedad, hambre o depresión. El tercero de los problemas clave del científico, que podría acarrear la destrucción de la sociedad, es la calidad de la administración y del liderazgo de nuestras instituciones.

Yo creo que tiene razón. Pero ¿por qué? ¿Por qué necesitamos líderes? ¿Por qué no puede cada uno de nosotros, individuo sagrado, escoger alegremente su propio camino, llévelo a donde lo lleve? La verdad sencilla es que 240 millones de personas no pueden convivir sin líderes, lo mismo que 240 millones de individuos no pueden viajar en automóvil por nuestros caminos y carreteras sin ciertas reglas, ni pueden once hombres jugar al fútbol sin arquero, ni pueden ir cuatro personas de X a Y sin que por lo menos una sepa dónde está Y.

Una persona sola puede vivir en una isla desierta sin liderazgo. Dos personas, si son totalmente compatibles, probablemente podrían entenderse y aun progresar. Si hay tres o más, alguien tiene que asumir la dirección, o de lo contrario estalla el caos.

Somos 240 millones de estadounidenses, y durante unos veinte años hemos tratado de arreglarnos sin líderes. No nos ha ido muy bien. Así, pues, reconozcámoslo: no podemos funcionar sin líderes. La calidad de nuestra vida depende de la calidad de nuestros líderes. Y como nadie más parece ofrecerse voluntariamente, le toca a usted. Si usted ha soñado con el liderazgo, éste es el momento, éste es el lugar y usted es la persona idónea. Lo necesitamos.

Hay tres razones básicas por las cuales los líderes son importantes: Primera, ellos son responsables de la eficiencia de la organización. El éxito o el fracaso de toda organización, ya se trate de equipos de béisbol, productoras de cine o fábricas de automóviles, depende de la calidad que se vea en la cima. Hasta los precios de las acciones suben o bajan en la bolsa según la idea que el público tenga del líder, si lo cree bueno o no.

Segunda, los cambios y trastornos de los últimos años no nos han dejado lugar donde escondernos. Necesitamos anclas en la vida, algo como un factor regulador, un propósito guía. Los líderes llenan ese vacío.

Tercera, existe una gran preocupación nacional sobre la integridad de nuestras instituciones. No hace mucho, Wall Street era un lugar donde la palabra empeñada era suficiente garantía. Las recientes revelaciones, investigaciones y acusaciones han obligado a la industria a modificar la forma en que había venido realizando los negocios desde hace 150 años. Jim Bakker y Jimmy Swaggart le dieron un nuevo significado a la frase "hijos de un Dios menor". Una antigua "Miss América" ha tenido que responder de graves cargos en Nueva York, y hace poco otra perdió su corona por mentir. La extensión de los escándalos en la Secretaría de Defensa no se ha descubierto aún totalmente.

Todo esto lo sabemos; pero ¿qué hemos hecho para remediarlo? Si echamos un vistazo a las universidades donde se prepara la flor y nata de la próxima generación de hombres de negocios, la respuesta es que no hemos hecho mucho. En un artículo reciente de *Business Week* sobre las facultades de postgrado en administración de empresas se decía que "de todas las críticas provenientes de las oficinas ejecutivas, tal vez la más dura es la que se refiere al poco caso que las escuelas de administración de empresas hacen del fomento de eficaces habilidades de liderazgo".

Así que sabemos cuál es el problema. Pero mientras nos

dejemos atrapar en el contexto — el volátil, turbulento, ambiguo ambiente gerencial que nos sofocará si lo dejamos — no lo podremos resolver. Y ver nuestro propio contexto es tan difícil para nosotros como para el pez ver el agua.

Todo está en movimiento. Fusiones y adquisiciones, desregulación, técnicas de informática y competencia internacional alteran la forma y el empuje de los negocios de los Estados Unidos. Cambiantes fenómenos demográficos, aguda sofisticación de los consumidores y nuevas necesidades modifican el mercado. Estructuras industriales distintas, nuevas alianzas estratégicas, nuevas tecnologías y modas, y la volubilidad del mercado de valores cambian nuestras maneras de hacer negocios. El aumento de la competencia, la contracción del mundo, que se ha vuelto un pueblo grande global, el movimiento de los países comunistas hacia mercados más libres y la nueva realidad del Mercado Común Europeo alteran la manera de entendernos con el mundo y de entenderse éste con nosotros.

Pequeñas compañías modernísimas generan más empleos nuevos que las grandes industrias tradicionales. Las fusiones y las adquisiciones crean megacorporaciones, que dan por resultado rápidas ganancias para los reyes de la absorción y despidos de trabajadores. Las tres cadenas de la televisión de los Estados Unidos son hoy propiedad de grandes corporaciones o están controladas por ellas, y todas las tres han sufrido despidos y perturbaciones. La desregulación de las aerolíneas creó nuevas empresas, pero esto trajo consigo guerra de tarifas y quiebras. La población envejecida del país exige un nuevo enfoque del mercado. En un tiempo, las compañías estadounidenses eran dueñas de su propio mercado y de una buena parte del mercado europeo, pero hoy los competidores extranjeros dominan gran parte del mercado de los Estados Unidos, y en 1992, cuando caigan las barreras arancelarias interiores de Europa, nuestros amigos en ese continente buscarán de preferencia bienes y servicios entre ellos mismos. Wall Street, antes único jugador, más parece y actúa hoy como un peón movido por el capricho de inversionistas extranjeros, programas de computador y negociantes al margen de la ley.

El nuevo orden es tan loco que es difícil satirizarlo, pero el analista Julius Maldutis, de Salomon Brothers, lo describe así:

"Sé de buena fuente que Delta va a comprar a Eastern; Eastern va a comprar a Pan Am; Pan Am realmente persigue a United, ahora que tiene todos los fondos de United, y Bob Crandall, de American, que ha guardado hasta ahora un endiablado silencio, se está preparando para hacer una oferta por toda la industria, una vez que llegue a un acuerdo con sus pilotos. Por otra parte, hablé con Frank Lorenzo esta mañana, y él me aseguró que sus próximos blancos son el Perú y Bolivia.

El Japón — conjunto de islas sin recursos básicos, a dieciséis mil kilómetros de distancia, arruinado por la Segunda Guerra Mundial, antes conocido por la pésima calidad de sus productos — ha puesto al revés y patas arriba la tan ensalzada técnica estadounidense. Hay días en que me parece que todo lo hacen mejor que nosotros, y, ciertamente, nos están superando en fabricación y marketing de lo que considerábamos bienes estadounidenses básicos: automóviles, televisores, y hasta acero. Nosotros inventamos el vídeo, el artículo de consumo que más se vende actualmente, y compramos el 50 por ciento de todos los vídeos que se venden en el mundo, pero todos son fabricados y vendidos por el Japón y Corea. Todo el mundo se entrometió en lo nuestro. Los alemanes, y hasta los australianos, nos están ganando en nuestro propio juego.

Hace doscientos años, cuando los Padres Fundadores se reunieron en Filadelfia para redactar la Constitución, la población de los Estados Unidos llegaba apenas a tres millones de habitantes, y, sin embargo, entre los autores de aquel extraordinario documento se contaban seis líderes de talla mundial. Washington, Jefferson, Hamilton, Madison, Adams y Franklin crearon los Estados Unidos. Hoy hay 240 millones de estadounidenses y tenemos a Oliver North, el Rambo del hombre pensante.

¿Qué ocurrió?

Así como los Estados Unidos se distinguieron en el siglo dieciocho por sus genios, en el siglo diecinueve se hicieron notables por sus aventureros, empresarios, inventores, científicos y escritores, los titanes que hicieron la revolución industrial, los exploradores que abrieron el Oeste, los escritores que nos definieron como nación y como pueblo. Thomas Edison, Eli Whitney, Alexander Graham Bell, Lewis y Clark, Hawthorne, Melville, Whitman y Twain. Estos hombres, cuya visión igualaba a su audacia, construyeron a los Estados Unidos.

En el siglo veinte el país empezó a construir sobre la promesa del diecinueve, pero pasó algo terrible. Desde la Segunda Guerra Mundial los Estados Unidos se han destacado especialmente por sus burócratas y sus gerentes, sus caciques y sus politiqueros que han reconstruido y en algunos casos destruido las instituciones y las organizaciones del país, tanto en el sector público como en el privado.

Salimos de la Segunda Guerra Mundial como la nación más rica y más poderosa de la Tierra, pero a mediados del decenio de los 70 el país había perdido su ventaja, y el tan mentado siglo estadounidense vino a ser súbitamente el siglo japonés... en los negocios por lo menos. Vaya uno a saber de quién es el siglo políticamente. Los Estados Unidos perdieron la ventaja porque perdieron el camino. Olvidamos para qué estábamos aquí.

La rebelión de los años 60, el decenio egoísta que siguió, los "yuppies" [jóvenes profesionales urbanos de hoy], son todos consecuencia de los errores y la ordinariez de los políticos. Incapaces de encontrar la cabeza o el corazón de su patria, muchos ciudadanos parecen haber declarado su independencia de ella y unos de otros.

Si bien los años 60 vieron surgir contribuciones tan importantes para nuestro país como el movimiento de los derechos civiles y el movimiento femenino, muchos de sus llamados avances decisivos terminaron en fracasos. Hablábamos de libertad y democracia, pero practicábamos libertinaje y anarquía. El público no se interesaba tanto en nuevas ideas como en recetas y emblemas. Mentores como Abraham Maslow y Carl Rogers nos dijeron que podíamos crear nuestra propia realidad, y así lo hicimos, insistiendo cada uno en creársela a su antojo.

Siempre ha habido tensión en el carácter estadounidense entre los derechos individuales y el bien común. Mientras amábamos y admirábamos a John Wayne, que partía por su cuenta con solo un caballo y una carabina, también sabíamos que el tren de carromatos toldados no podía cruzar las praderas si no nos manteníamos todos unidos. Pero la tensión nunca ha sido tan fiera como es hoy. En efecto, a medida que el hombre de movilidad ascendente ha reemplazado al ciudadano, cada vez tenemos menos en común, y cada vez menos algo que sea bueno.

Los Padres Fundadores basaron la Constitución en el supuesto de que la virtud pública existe. James Madison escribió: "El bien público... el verdadero bienestar de todo el pueblo... es el objeto supremo que debemos perseguir".

Pero a principios de los años 20, cuando Calvin Coolidge dijo que "el propósito de los Estados Unidos son los negocios", casi nadie le contradijo. La idea de virtud pública había sido postergada por intereses especiales, que hoy han sido reemplazados por intereses individuales. Los Estados Unidos se han convertido en lo que Robert Bellah y sus coautores describen en su libro *Habits of the Heart* como "una cultura permisiva, terapéutica... que recomienda un gran esfuerzo para hacer de nuestro segmento particular de vida un mundo en sí mismo".

Hoy los que se pueden dar el lujo se están retirando a sus propios castillos electrónicos, trabajando en casa y comunicándose con el mundo por medio de computadores, seleccionando sus llamadas con aparatos contestadores, pidiendo películas para sus vídeos, alimentos para sus hornos de microondas y entrenadores para su cuerpo, manteniendo el mundo a raya con avanzados sistemas de seguridad. Se niegan a reconocer lo que les está pasando — y el costo para toda nuestra sociedad de lo que les está pasando a los que no disponen de iguales recursos económicos. Los que estudian las tendencias denominan este fenómeno "encapullarse", aunque más bien parece egocentrismo terminal.

Así como una nación no puede sobrevivir sin virtud pública, tampoco puede progresar sin una visión común. Los Estados Unidos no han vuelto a tener un sentido nacional de propósito desde los años 60, cuando, en una demostración sin precedentes de causa común, millones de estadounidenses se opusieron con vehemencia a la política del gobierno. Sin embargo, el gobierno, en vez de modificar su política, optó por la clandestinidad. El caso Irán-Contras, como el de Watergate que le precedió, fue un esfuerzo por engañar al pueblo de los Estados Unidos, no a nuestros enemigos.

A medida que el gobierno se amparaba en la clandestinidad y los más pudientes entre nosotros se encerraban en sus torres electrónicas, una detestable ralea de empresarios parásitos se iba apoderando de los sectores ruinosos de nuestras ciudades, vendiendo drogas no sólo a las clases más bajas sino también a los ricos intranquilos y a los aburridos niños de la clase media. Hoy los estadounidenses gastan anualmente más dinero en drogas que en petróleo. La tierra de los libres y el hogar de los valientes es el drogadicto número uno del mundo.

Tal es el contexto. Desde el momento en que resolvimos crear nuestra propia realidad, dejamos de soñar, olvidando que dormir sin soñar es morir. Lo que aquellos genios de Filadelfia crearon en el siglo dieciocho y sus alborotadores sucesores embellecieron en el diecinueve, los políticos, tanto en el gobierno como en los negocios, lo han convertido en una máquina gigantesca cuyos millares de ruedas giran frenéticamente en el fango sin ir a ninguna parte.

En los primeros decenios del presente siglo, a medida que el gobierno y los negocios crecían, empezaron a estorbarse mutuamente. Los burócratas les impusieron a los grandes negocios reglas y reglamentos. Los gerentes de las corporaciones respondieron inundando a Washington de intrigantes, y se llegó a un punto muerto. No es mucho lo que se da en un punto muerto, desde luego, pero los gerentes y los burócratas son menos cultivadores que mecánicos — más les divierte estropear con maquinaria que hacer crecer las plantas.

Lo mismo que el viejo automóvil estadounidense de gran tamaño, el país parece demasiado grande y desmañado para que funcione bien, y mucho menos para que reaccione rápida y sabiamente ante los acontecimientos. El filósofo Alfred North Whitehead escribió: "En el mundo moderno al celibato de la clase ilustrada medieval lo reemplazó el celibato del intelecto que se ha divorciado de la contemplación concreta de los hechos completos".

La contemplación concreta de los hechos completos aquí y ahora sugiere que muchísimos estadounidenses creen que las utilidades son todo, que son lo único, y los Estados Unidos se están estrangulando por esa falta de visión.

El productor-redactor de televisión Norman Lear, siempre innovador, ha tenido un éxito sorprendente, tanto económico como creativo. Cuando hablé con él, discutimos no sólo su vida y su trabajo sino también su preocupación por lo que él llama "el desastre social de nuestro tiempo", o sea pensar a corto plazo. "Consiste en preguntar qué dice la encuesta, no qué es muy importante para el país ni qué es lo mejor para el futuro sino qué digo a corto plazo que me lleve de aquí a allá". Y esa obsesión nacional con el corto plazo viene directamente de los negocios. Lear agregó: "Joseph Campbell observó una vez que en la Edad Media, cuando uno se acercaba a la ciudad, lo que se destacaba a la vista era la catedral. Hoy son las torres del comercio. Negocios, negocios y negocios, y en forma creciente se orientan cada vez más al corto plazo... ¿Ven ustedes? Ellos no están financiando a los verdaderos iconoclastas, a los innovadores, porque eso es arriesgado: eso es inversión a largo plazo".

Me parece que Lear tiene toda la razón. El mundo de los negocios se ha convertido en el principal formador y motor de lo que son hoy los Estados Unidos — más aún que la misma televisión — y, por extraña paradoja, practicando lo que predica se ha atrincherado con sacos de arena. Habiendo capturado el corazón y la mente del país con el canto de sirena de las satisfacciones, se ha encerrado en prácticas obsoletas. Nunca los negocios de los Estados Unidos fueron más populares ni tuvieron menos éxito, y los capitanes de industria nunca fueron más admirados ni menos eficientes. En este ambiente lo que sorprende no es que sean tan escasos los líderes sobresalientes, sino que haya líderes.

Dick Ferry, presidente y cofundador de Korn/Ferry, está de acuerdo y no es optimista. "Los hombres de negocios pueden hablar, en un nivel intelectual, sobre lo que se necesitará para triunfar en el siglo veintiuno, pero en la práctica cuando hay que tomar las decisiones, lo único que importa es el próximo informe de utilidades trimestrales. Eso es lo que impulsa gran parte del sistema. Con ese modo de pensar, todo lo demás se vuelve secundario en comparación con la capacidad de producir el necesario aumento de ganancias del próximo trimestre. Estamos en una noria. En este país el sistema de recompensas está engranado al corto plazo".

El aferrarnos al corto plazo nos dio vistas instantáneas de un mundo cambiante, lo cual nos impidió ver que se estaba encogiendo, recalentándose, volviéndose rencoroso y ambicioso — no sólo políticamente sino también social y económicamente. Así como nuestros antepasados desafiaron la dominación británica, así también el Japón y Corea, casi toda Europa, Escandinavia y Australia han desafiado la dominación de los negocios de los Estados Unidos — justamente cuando los árabes empezaron a recuperar su petróleo. Estos principiantes nos están derrotando en nuestro propio juego, fabricación y marketing. El Japón, sobre todo, vio que el verdadero campo de batalla era el mercado y que el comercio era no sólo el arma definitiva sino la fuente de la verdadera seguridad nacional. Hoy hasta la Unión Soviética lo entiende.

Tal vez por ser muchos siglos más viejos que nosotros, nuestros amigos del Asia y Europa saben que los regímenes políticos vienen y van, y que las ideologías tienen sus crecientes y menguantes; pero, siendo la naturaleza humana lo que es, las necesidades básicas del hombre son económicas, no políticas.

Los estadounidenses están furiosos con esta gigantesca suplantación, pero, sin embargo, siguen aferrados a los negocios rápidos y a las ganancias fáciles. Todavía no se han dado cuenta de que la última palabra es que no hay ninguna última palabra — que no hay límite ninguno ni lógica. La vida en este turbulento y complejo planeta ya no es lineal ni es una secuencia en que una cosa lleve lógicamente a otra. Es espontánea, contradictoria, inesperada y ambigua. Las cosas no suceden de acuerdo con un plan ni se pueden reducir a modelos metódicos. Nos empeñamos en buscar respuestas claras y sencillas cuando debiéramos cuestionarlo todo.

Wallace Stevens, reconocido poeta, que fue también vicepresidente de una compañía de seguros, lo dijo muy bien en su poesía "Los seis paisajes significativos":

Los racionalistas de sombreros cuadrados
piensan, en cuartos cuadrados,
mirando al piso,
mirando al techo.
Se limitan
a triángulos y rectángulos.
Si ensayaran romboides,

conos, líneas sinuosas, elipses —
como, por ejemplo, la elipse
de la medialuna —
usarían sombrero mejicano.

Ya es tiempo de que cambiemos ese sombrero duro por un sombrero mejicano, o por una boina, y consideremos este nuevo contexto.

Y, como dijo Norman Lear: "Una persona puede ser importante... un ciudadano puede ser importante en este país".

Hoy las oportunidades para los líderes son ilimitadas, pero también lo son las dificultades. Los mejores y más brillantes entre nosotros son tan inteligentes como lo han sido los de cualquier generación de líderes, pero el camino a la cima es más arduo y complicado que nunca, y la cima misma es más resbaladiza y más traicionera que el Everest.

Vamos por lo menos a medio camino a través del espejo en dirección al caos total, y aun cuando el contexto es tan cambiante, no es probable que sufra ningún cambio fundamental mientras los jugadores principales sean llevados por él, estén nadando en él como peces que no ven el agua. Para decirlo de otro modo, el clima actual se perpetúa porque ha creado toda una generación de administradores a su propia imagen.

Cuando un moderno gerente modelo llega a presidente de la compañía, no se vuelve un líder sino un amo, y han sido los amos los que han metido a los Estados Unidos en los aprietos en que hoy se ven. Pero, irónicamente, todos son producto del contexto, tanto como lo son el déficit comercial y la manía de las fusiones de empresas. Son la expresión perfecta del contexto, empujados, empujando, pero sin ir a ninguna parte.

El primer paso para llegar a ser líder es, pues, darse cuenta del contexto tal cual es — un destructor, no un formador; una trampa, no una plataforma de lanzamiento; un fin, no un principio — y declarar su independencia.

Una víctima del contexto

Habiendo descrito el contexto, tengo la tentación de saltarme un paso e ir directamente a los que se sobrepusieron a él. El éxito es más divertido que el fracaso — tanto para escribir sobre él como para vivirlo. Además, todos conocen personas que no lograron lo que querían. Pero aprender del fracaso es uno de los más importantes temas de este libro, tema al cual regresaremos una y otra vez, así que creo que debemos ver un caso, el de un individuo que no pudo salir del cenagal, y algunas de las razones que explican su fracaso. Lo llamaré Ed.

Nació Ed de padres obreros en Brooklyn, Nueva York. Listo, de aspiraciones, resuelto a triunfar, pasó directamente de la escuela secundaria a trabajar en una fábrica, y se matriculó en una escuela nocturna. Trabajando día y noche logró graduarse en contabilidad. De los talleres subió a las oficinas en la misma compañía, y en el curso de pocos años fue ascendiendo y dejando atrás a otros que tenían el grado de máster en administración de empresas. Demostró que era no sólo laborioso y emprendedor sino inteligente y práctico. Eficiente, competente y duro, llegó a ocupar una de las vicepresidencias.

Ed era un hombre de la compañía. Todos lo decían. No sólo sabía cómo funcionaba sino que era capaz de hacerla funcionar mejor, y si era el caso, no vacilaba en despedir a los inútiles. No era fácil trabajar bajo sus órdenes, pero era el tipo que les gusta a los jefes. Era el ciento por ciento leal a la compañía, enviciado al trabajo, siempre de buena voluntad y ansioso de ir un paso más allá, e impaciente con los que parecían menos dedicados que él.

Su competencia, combinada con su energía y dureza, hacían de él el ejecutivo ideal en el ambiente de triunfar o morir de los años 80. Viéndolo en acción nadie podía sospechar que se había criado en la pobreza en las calles del sur de Brooklyn o que era producto de la escuela nocturna.

En realidad, él mismo casi lo había olvidado. Se parecía a sus jefes y vestía y hablaba como ellos. Su mujer era atractiva; se parecía a las esposas de los jefes y vestía y hablaba como ellas. Tenía dos hijos bien parecidos y bien educados, una linda casa en Westchester, en tenis un saque formidable y grandes perspectivas... si quería mudarse. El presidente de la compañía tenía poco más de cincuenta años, la misma edad de Ed, y parecía muy contento en su puesto.

Por la época en que Ed empezó a impacientarse, una firma de propiedad familiar en la misma industria estaba buscando sangre nueva. El presidente, nieto del fundador, quería jubilarse y no tenía a quién entregarle las riendas. Quería contratar a alguien como vicepresidente para irlo conociendo, y si todo resultaba bien, entregarle el mando a la vuelta de dos o tres años. Aun cuando la firma tenía su sede en Minneapolis, la agencia encargada de buscar un ejecutivo encontró a Ed en Nueva York. Ed vio el traslado a Minneapolis como un atajo para llegar a la cima.

Manejó el cambio de oficio con la misma eficiencia con que manejaba todo. Trasladó a la familia a una casa más grande y mejor en Edina, escogió para sí un amplio despacho de esquina con vista a un lago, y, al parecer, se adaptó sin el menor problema al ritmo lento del Oeste Medio.

Sin embargo, fue más duro que antes; trató con mayor rigor a los empleados que no le caían en gracia. En la oficina, donde prevalecía el carácter apacible de Minnesota, se burlaban de él a sus espaldas, y le pusieron el remoquete de "el Bombardero de Brooklyn"; pero cuando él decía "¡A saltar!" todos saltaban.

Un año después de su traslado a Minneapolis, el presidente de la compañía, Baxter, lo invitó a almorzar y le ofreció el cargo de jefe de operaciones. Esto complació a Ed pero no le sorprendió. Nadie trabajaba más que él, nadie podría haber aprendido más sobre la compañía, nadie merecía más el ascenso. Ahora ya no existían límites para el Bombardero. Baxter y Ed hacían una gran pareja. Baxter, afable y alentador, orientaba la compañía, mientras que Ed, más duro que nunca, apretaba las tuercas. Y se encargaba de las tareas sucias.

Baxter se convenció de que Ed era, sin duda, el hombre para reemplazarlo cuando él se jubilara, y les anunció esta decisión a los miembros de la familia que eran a la vez los integrantes de la junta directiva. Entonces, por primera vez en su vida, Ed encontró una barrera que no podía salvar como de costumbre: Algunos miembros de la junta le dijeron a Baxter que Ed les parecía *demasiado* duro, demasiado rudo con sus colegas ejecutivos; y que no aprobarían su nombramiento, a menos que mejorara su "don de gentes".

Baxter le comunicó a Ed la mala noticia. Si a éste le contrarió, no menos contrarió a Baxter, que insistía en jubilarse, había elegido a Ed como su sucesor, y había empezado a prepararlo para presidente de la compañía. Ahora todo su plan se venía abajo. En este punto, algún amigo le recomendó que me contratara a mí como asesor. Después de exponerme el caso, me preguntó si yo aceptaría trabajar con Ed para ayudarle a mejorar su trato con la gente. Me dijo que Ed estaba dispuesto a hacer cuanto fuera necesario para que lo nombraran presidente.

Después de muchas conversaciones y de mucho meditarlo, acepté. Aunque tenía mis reservas, era una tarea interesante, y como tenía otros asuntos que me llevaban a Minneapolis, este nuevo compromiso no alteraba gravemente la ordenación de mis actividades. Sin embargo, me preguntaba si habría alguien capaz de efectuar lo que equivalía a un cambio radical de personalidad en un hombre de cincuenta y cinco años.

En mi siguiente visita a Minneapolis conocí a Ed. Pasé un par de días siguiéndole los pasos, observando todo lo que hacía y cómo lo hacía. En otro viaje me entrevisté con todos los que trabajaban con Ed, y le pedí a éste que se sometiera a una serie de pruebas de personalidad.

Desde luego, todos actuaban movidos por su propio interés. Baxter, deseoso de jubilarse, quería dejar instalado a su sucesor según lo programado. Los reacios miembros de la junta buscaban alguna manera de salir de esta difícil situación, y a mí me correspondía darles esa salida, ya fuera que tuviera éxito o fracasara tratando de cambiar a Ed; él, por su parte, quería el puesto y se mostró siempre dispuesto a cooperar.

Al cabo de un tiempo, vi claro que todo lo que decían de Ed era cierto. Era muy competente y tenía grandes aspiraciones, pero también era tirano, impulsivo, y con frecuencia ofendía a las personas que trabajaban a sus órdenes. Estas se acobardaban en su presencia. El sentía una imperiosa necesidad de dominarlas y dominar los sucesos. No era capaz de darle las gracias a nadie por una tarea bien cumplida, ni de hacer un elogio. Y, por supuesto, tenía un prejuicio contra las mujeres.

Abordó su problema como abordaba todo — a toda velocidad y con todos sus recursos. En el curso del tiempo que trabajé con él, se fue volviendo más tratable. Logró limar sus más duras aristas, se hizo menos raspante, más pulido, y se afinó de la misma manera que había afinado la compañía. Esta fue la buena noticia.

La mala noticia fue que, a pesar de todos sus esfuerzos, sus colaboradores seguían desconfiando de él. Sencillamente, no se fiaban del "nuevo" Ed, y la junta seguía dividida. Los miembros que gustaban del "viejo" Ed y de su estilo férreo e inflexible se desconcertaron con su nuevo comportamiento más moderado, y los que inicialmente se habían opuesto a su ascenso empezaron a verle más defectos. Sostenían que a pesar de su energía y su competencia, carecía de visión y de carácter.

Como yo también creo que el carácter es tan importante para un líder como la energía y la competencia, tuve que darles la razón. Y carácter era una cosa que yo no le podía infundir a Ed; él mismo tenía que formárselo. Como ya lo dije, no le basta al líder hacer bien las cosas; tiene que hacer las cosas que convienen. Es más: un líder sin alguna visión de a dónde quiere llevar su empresa no es un líder. A mí no me cabía duda de que Ed era capaz de administrar la compañía; pero a dónde la llevaría, sí me inspiraba serias dudas.

Le dije, pues, que aunque me impresionaba su progreso, yo no podía recomendarlo para presidente, y luego le entregué mi informe a Baxter y a la junta directiva. Posteriormente me enteré de que para Baxter fue un alivio pues, si bien necesitaba una persona como Ed para que le ayudara a administrar el negocio, reconocía que la junta directiva tenía razón: estaba en juego un negocio que había pertenecido a la familia durante tres generaciones, y simplemente no se lo podían entregar a Ed. Baxter siguió en su puesto y Ed en el suyo hasta que se encontró otro sucesor para Baxter. Entonces éste se jubiló, y Ed renunció.

Claro que si esto hubiera sido una película, en el último episodio Ed se habría convertido en un Jimmy Stewart y le habrían dado el puesto. Pero la vida real no es como el cine, y los héroes y los villanos no son tan fáciles de distinguir.

En realidad, yo no creo que Ed fuera ni lo uno ni lo otro. Era una víctima, un hombre que se veía a sí mismo como producto de su propio esfuerzo, pero que en la práctica siguió modelos erróneos en una cultura corporativa equivocada.

Ed llegó al mundo de los negocios como un rudo chico de la calle, salido de los bajos fondos pero resuelto a triunfar. Tenía aspiraciones y era laborioso, pero, al fin y al cabo, no era sino producto del clima dominante. Lo que hubiera podido tener de carácter o visión se le atrofió por el camino.

Podría haber aprendido a dirigir. Ciertamente, cuando empezó a trabajar en la fábrica se apasionó por las promesas de la vida, pero luego pasó por el espejo a un mundo de perros contra perros, en que las recompensas no se dan por expresarse uno sino por probarse. Probando que él era un servidor ideal del sistema, Ed nunca se situó por su propia cuenta sino que lo situaron los que lo emplearon. Siendo empujado, empujó a otros y fue el amo ultraperfecto. No se podía adaptar a un nuevo clima corporativo en que la visión y el carácter eran importantes.

Reflexionando posteriormente sobre el caso, vi que, en realidad, eran cinco las cosas que le interesaban a la junta directiva: competencia técnica (que Ed tenía); don de gentes; habilidades conceptuales (es decir, imaginación y creatividad); buen criterio y buen gusto; y carácter. No era sólo cuestión del trato con la gente, como me habían informado al principio, así que a pesar de que Ed se esforzó mucho por mejorar en ese aspecto, no logró que los demás estuvieran de su parte. Cuestionaban su criterio y su carácter y les parecía que no podían confiar en él.

Como vivimos en la era del fracaso hacia arriba, hoy Ed es presidente de la junta directiva y jefe ejecutivo de una importante firma manufacturera de Atlanta. El comité que lo investigó le atribuyó no solamente su propio éxito en materia de detalles sino también todas las realizaciones de Baxter, inclusive la creación de nuevos productos y una reputación de servicio y calidad que se admiran en la industria. Infortunadamente, cuando Ed apriete todas las tuercas en Atlanta pero no genere nuevos productos o ingresos, puede encontrar que el contexto no perdona — a menos que aprenda de su fracaso y resuelva emprender el arduo proceso de realizarse. No he podido averiguarlo porque no contesta mis llamadas telefónicas.

Todos conocemos "Eds". Ellos son, en realidad, más la regla que la excepción; pero, como se verá, hay quienes son capaces de pasar por encima de las reglas y sobreponerse al contexto, y de triunfar en formas que los Eds apenas pueden imaginar.

Dominadores del contexto

El líder que escogí para subrayar las razones por las cuales Ed no triunfó, es Norman Lear, que es un crítico muy franco del contexto actual.

Lear irrumpió en la televisión durante la llamada edad de oro de ésta como comediógrafo, con piezas de gran éxito que él mismo dirigía. En 1959 fundó con Bud Yorkin la empresa Tandem Productions, que produjo especiales de TV con estrellas como Fred Astaire, Jack Benny, Danny Kaye, Carol Channing y Henry Fonda. Tandem produjo también varios largometrajes para cine. El guión original de Lear, "Divorcio: Estilo Americano", mereció una postulación al Premio de la Academia en 1967. Ya entonces Lear definitivamente había triunfado, pero en 1971 él y Tandem dieron un salto gigantesco con la memorable serie "All in the Family". Esta serie, con el inolvidable Archie Bunker como protagonista, y las diversas series que le siguieron, no sólo revolucionaron la TV sino que le dieron al país una cómica y aguda visión de sí mismo.

El brillante escritor Paddy Chayefsky dijo: "Norman Lear les quitó la televisión a las esposas tontas y a los maridos lerdos, a los alcahuetes, a las rameras y a los buscavidas, a los detectives privados, a los vendedores de drogas, a los vaqueros y a los cuatreros, que constituían el caos de la televisión, y puso en su lugar al pueblo norteamericano... tomó al auditorio y lo plantó en la escena".

Más que ninguna otra persona, Lear hizo madurar la TV. Además de ser grandes éxitos, sus programas no temían a la controversia: tocaban temas entonces tabú como el aborto y el prejuicio racial. Pero al principio nadie quería "All in the Family". La ABC la rechazó; la CBS la puso en el aire con mucho temor y durante algún tiempo casi nadie la veía. Por fortuna, la CBS perseveró. Y Lear no sólo dominó el contexto sino que lo revolucionó.

Durante once temporadas consecutivas, 1971-1982, por lo menos una comedia de enredo de Lear figuró entre las diez primeras en todos los programas de tiempo preferencial. En 1974-75, cinco de los diez mejores programas eran de Lear. En noviembre de 1986, cinco de las nueve primeras comedias de enredo de distribución nacional fuera de las cadenas eran suyas. Casi el 60 por ciento de sus guiones se han vendido como series, lo cual es el doble del término medio de la industria. Más de la tercera parte de sus series para las cadenas han pasado a ser grandes éxitos en la distribución nacional, lo cual es el triple del promedio en la industria.

La carrera de Lear, constantemente caracterizada por innovación y riesgo, prueba la eficacia de ambas cosas, pues Lear, además de ser un creador fenomenal, es un mago de las finanzas. A pesar de todo, cuando el Gremio de Escritores se declaró en huelga en 1988, este hombre que revolucionó una industria, este multimillonario, este pionero y líder de las comunicaciones, marchó en las filas de huelguistas con sus colegas escritores, encantado de la vida.

Lear se ha desempeñado con brillo como escritor, productor, hombre de negocios y ciudadano activista (es cofundador de People for the American Way). Su historia es el ideal norteamericano convertido en realidad, una trama sacada de Horatio Alger, con la diferencia de que no se casó con la hija del jefe. Empezando de la nada, ha llegado a ser muy, muy rico y muy, muy famoso, y muy, muy poderoso. En realidad, su vida es el material de que se hacen las películas de cine y televisión. Sus realizaciones demuestran, sin lugar a dudas, la eficacia de la completa autoexpresión.

Hay cuatro pasos en el proceso del éxito de Norman Lear para dominar el contexto: 1) Expresarse por medio de sus obras; 2) escuchar la voz interior; 3) aprender de los buenos consejeros; 4) entregarse a una visión guiadora.

Todos estos pasos se ilustran en lo que él me contó sobre la profunda influencia que ejerció en él el ensayo de Ralph Waldo Emerson *Confianza en sí mismo* que leyó en la escuela secundaria: "Emerson habla de escuchar la voz interior y seguirla, a despecho de todas las voces que digan lo contrario. No sé cuándo empecé a entender que había algo divino en esa voz interior... Seguirla (y confieso que no siempre la he seguido) es lo más puro y lo más verdadero que tenemos. Cuando dejamos de lado nuestros propios pensamientos y opiniones, éstos acaban por volver a nosotros en boca de otras personas. Regresan con una majestad ajena... De modo que la lección es: Creer en ella.

Cuando he sido más eficiente es cuando he escuchado esa voz interior".

Escuchar la voz interior — confiar en la voz interior — es una de las más importantes lecciones de liderazgo. Tan importante me parece, que le he dedicado casi todo un capítulo en este libro.

Lear me habló también de otras personas que influyeron en su vida. "Mi abuelo fue quien me enseñó desde muy temprano que uno es importante. Viví con él de los 9 a los 12 años. Era un inveterado escritor de cartas, y yo era su audiencia cautiva para oírlas: «Mi querido, estimado señor Presidente, no les haga caso cuando le digan tal o cual»; o bien, si estaba en desacuerdo con el presidente: «Mi queridísimo y estimado señor Presidente, no debía usted haber hecho tal o cual cosa». Yo bajaba a saltos los cuatro tramos de escalera para ir al buzón los días de correo, y, de vez en cuando, mi corazoncillo de 9, 10, 11 años, daba un salto porque allí encontraba un pequeño sobre blanco con el membrete de la Casa Blanca. La Casa Blanca le contestaba.

"Mi padre era un hombre que llevaba pedacitos de papel en los bolsillos y en el ala del sombrero, y así era como manejaba las cosas. Siempre andaba metido en camisa de once varas porque no se organizaba. Supongo que, en compensación, me enseñó a mí la necesidad de estar preparado y poner los pies en la Tierra. El estaba seguro de que se iba a ganar un millón de dólares en dos semanas, y, desde luego, jamás se los ganó. Marchaba en la vida, como M. Hulot, con la cabeza baja y el paso firme".

Como su padre el truhán, el hijo nunca ha dejado de creer y marcha en la vida como él. Me dijo: "Primero que todo, averigüe qué es lo que usted es, y sea eso. Sea lo que usted es y no lo pierda... Es muy difícil ser lo que somos porque parece que es lo que nadie quiere que seamos". Pero, desde luego, como lo prueba Lear, es la única manera de volar realmente.

Norman Lear tiene una visión guiadora, confianza en sí mismo, fe en que su acción puede ser decisiva. Y esa visión le permitió dominar el contexto en televisión, campo en el cual los productores, por lo general, sobreviven siendo como todos los demás, sacando un programa igual al que gustó la temporada pasada, buscando el mínimo común denominador con la programación menos expuesta a objeciones. Lear no sólo subió a la cima y se mantuvo allí durante veinte años — esto en una industria en que cinco años se considera una carrera completa — sino que lo hizo produciendo espectáculos originales que se destacaban en colores brillantes al lado de sus pálidos competidores. Allí estaba él para que otros lo señalaran cuando un nuevo programa no tenía éxito instantáneo. Gracias al éxito de Lear, a otros programas valiosos se les dio también una oportunidad.

Por supuesto, Lear se ha situado en un extremo: es el creador de sus circunstancias y de su ambiente en una forma que pocos podemos igualar. Pero en todos los caminos de la vida hay Normans Lears que dominan el contexto dondequiera que se hallen. Y los líderes siempre han combatido el contexto. Mathilde Krim, la científica que encabeza la lucha contra el SIDA, dice: "No tengo paciencia con las restricciones institucionales. Las instituciones deben servir a la gente; pero, por desgracia, con frecuencia es al revés: las personas son leales a una institución y se vuelven prisioneras de hábitos, prácticas y reglas que finalmente las vuelven ineficientes".

Si casi todos somos como Ed, criaturas del contexto, prisioneros de hábitos, de prácticas y de reglas que nos vuelven ineficientes, debemos aprender de los Normans Lears, de los que no solamente desafían y vencen el contexto sino que lo modifican fundamentalmente. El primer paso hacia el cambio es no dejarse situar por otros sino escoger uno su propia posición. Así comienza el proceso.

2

Comprensión de lo básico

Al explorar el camino que ha seguido la teoría del liderazgo, nos encontramos los restos de la "teoría de las características", la teoría "del gran hombre", y la crítica "situacional", estilos de liderazgo, liderazgo funcional y, finalmente, el liderazgo sin líderes, para no decir nada del liderazgo burocrático, el carismático, el centrado en el grupo, el centrado en la realidad, el liderazgo por objetivos, y demás. La dialéctica y las inversiones de énfasis en esta área rivalizan con las tortuosas vueltas y revueltas de las prácticas de crianza de niños, y bien podemos parafrasear a Gertrude Stein diciendo: "Un líder es un seguidor es un líder".

Administrative Science Quarterly

Los líderes se dan de todo tamaño, forma y disposición — bajos, altos, limpios, desaseados, jóvenes, viejos, hombres y mujeres. Sin embargo, todos parecen compartir algunos de los siguientes ingredientes, si no todos:

- El primer ingrediente básico del liderazgo es una *visión guiadora.* El líder tiene una idea clara de qué es lo que quiere hacer — personal y profesionalmente — y la fortaleza para perseverar a pesar de los contratiempos y hasta de los fracasos. A menos que uno sepa a dónde va y por qué, no es posible que llegue. Ese propósito guiador, esa visión, los ilustra muy bien Norman Lear.
- El segundo ingrediente básico del liderazgo es *la pasión* — la pasión subyacente por las promesas de la vida, combinada con una pasión muy particular por una vocación, profesión, línea de conducta. El líder ama lo que

hace y le encanta hacerlo. Tolstoi dijo que las esperanzas son los sueños del hombre despierto. Sin esperanza no podemos sobrevivir ni mucho menos progresar. El líder que comunica pasión les da esperanza e inspiración a otros. Este ingrediente suele presentarse con distintos aspectos — a veces como entusiasmo, sobre todo en el capítulo octavo, "Ponga a los demás de su parte".

- El siguiente ingrediente básico del liderazgo es *la integridad.* Creo que ésta tiene tres partes esenciales: conocimiento de sí mismo, sinceridad y madurez.

  "Conócete a ti mismo" era la inscripción que se leía en el Oráculo de Delfos, y sigue siendo hoy la tarea más difícil para todos nosotros. Pero mientras uno no se conozca, con sus puntos fuertes y sus puntos débiles, y sepa qué es lo que quiere y por qué lo quiere, no puede triunfar sino en el sentido más superficial del término. El líder nunca se dice mentiras, conoce sus defectos tan bien como sus cualidades y les hace frente directamente. Uno es su propia materia prima; cuando uno sabe de qué se compone y qué quiere hacer de ello, entonces se puede inventar uno mismo.

  La sinceridad es la clave del conocimiento de sí mismo. Se basa en honradez de pensamiento y acción, firme devoción a los principios y entereza fundamental. Un arquitecto que diseñe un cajón de vidrio estilo Bauhaus con una cúpula victoriana carece de integridad profesional, lo mismo que una persona que recorte sus principios o incluso sus ideas por darles gusto a los demás. Como Lillian Hellman, el líder no puede recortar su conciencia para acomodarse a la moda de este año.

  La madurez es importante para el líder porque conducir no es sólo mostrar el camino o dar órdenes. Todo líder necesita haber tenido la experiencia de ser seguidor, de haber aprendido a ser laborioso, observador, capaz de trabajar con otros y aprender de ellos, nunca servil, siempre veraz. Habiendo hallado estas cualidades en sí mismo, puede fomentarlas en los demás.

- La integridad es la base de la *confianza*, la cual no es tanto un ingrediente del liderazgo como un producto de éste. Es la cualidad que no se puede adquirir sino que tiene que ganarse. La otorgan los colegas y los seguidores, y sin ella el líder no puede funcionar. Hablaré de la confianza más detalladamente en el capítulo octavo, "Ponga a los demás de su parte".

- Otros dos ingredientes básicos del liderazgo son *la curiosidad* y *la audacia*. El líder se interesa por todo, quiere aprender todo lo que pueda, está dispuesto a arriesgarse, experimentar, ensayar cosas nuevas. No se preocupa por los fracasos sino que acepta los errores sabiendo que de ellos se puede aprender. Aprender de la adversidad es otro tema que aparecerá una y otra vez en este libro, a menudo con diferentes caras. Esto, en realidad, se podría decir de todos los ingredientes básicos.

Aun cuando hablo de ingredientes básicos, no estoy hablando de características con las cuales uno nace y que no se pueden modificar. Como lo pueden atestiguar incontables monarcas destronados e infelices herederos de grandes fortunas, los verdaderos líderes no nacen sino que se hacen. Y, dicho sea de paso, no se hacen en un simple seminario de un fin de semana, como sostienen muchos de los voceros de la teoría del liderazgo. Eso me parece como la teoría de las microondas: se mete el señor o la señora Mediocre y en sesenta segundos sale McLíder.

En los líderes actuales y en los que se cree que pueden llegar a serlo se gastan miles de millones de dólares al año. Muchas de las principales corporaciones ofrecen cursos sobre desarrollo de liderazgo; y, sin embargo, los negocios norteamericanos han perdido su liderazgo en el mercado mundial. Yo sostengo que se han formado más líderes por accidente, por las circunstancias o por puro tesón o voluntad que por todos los cursos de enseñanza juntos. Estos cursos sólo pueden enseñar habilidades; no pueden enseñar carácter ni visión — y en realidad ni siquiera lo intentan. Desarrollar carácter y visión es la forma en que los líderes se inventan a sí mismos.

La Gran Depresión fue el crisol en que Franklin Roosevelt se transformó de político en líder. Harry Truman ascendió a la presidencia a la muerte de Roosevelt, pero lo que hizo de él un líder fue su fuerza de voluntad. Dwight Eisenhower, el único general de cinco estrellas del país, era subestimado por los jefes del Partido Republicano, que sólo veían su simpática sonrisa. Resultó ser un hombre independiente y un líder. Políticos como el alcalde de Chicago, Richard Daley, ayudaron a John Kennedy a llegar a la Casa Blanca; pero una vez allí, él brilló con luz propia. Ya sea que uno guste de ellos o no, Franklin Roosevelt, Truman, Ike y Kennedy fueron todos líderes de verdad, nuestros últimos líderes nacionales.

Truman nunca se vio a sí mismo como un líder, y probablemente su sorpresa al verse en la presidencia fue tan grande como la de cualquier otro ciudadano. Eisenhower era un buen soldado bendecido con una constelación de los mejores soldados que posibilitaron sus triunfos militares y políticos. Esos encantadores niños ricos, Roosevelt y Kennedy, fueron para algunos en su tiempo traidores a su clase pero héroes del pueblo. Cada uno de estos hombres fue su propia invención· Truman y Eisenhower, los típicos muchachos de pueblo que ascienden a la cima, Roosevelt y Kennedy, impulsados por padres ambiciosos y poderosos, mundanos pero convencionales, rehaciéndose a sí mismos y rehaciendo su mundo.

Hacerse uno mismo no es todo, desde luego. Se podría decir que Lyndon Johnson, Richard Nixon y Jimmy Carter se hicieron a sí mismos, pero ninguno de ellos ganó nuestro corazón ni cautivó nuestra mente, y, por último, fracasaron como líderes.

Los tres eran muy competentes, pero su ambición se sobrepuso a su talento. Johnson, queriendo construir una Gran Sociedad, lo que hizo fue una mala guerra. Nixon pretendió menos conducirnos que dominarnos. Y en cuanto a Carter, nunca se supo claramente qué era lo que buscaba, fuera de la Casa Blanca. La mente de todos ellos parecía estar cerrada — para nosotros al menos, y quizá también para ellos mismos. Si alguna visión tuvieron, pasó inexpresada (en el caso de Johnson, irrealizada). Todos decían una cosa y hacían otra, y parecían considerar al pueblo de los Estados Unidos como su adversario. Cuando criticábamos la Guerra de Vietnam, Johnson nos llamaba desleales. Nixon tenía una lista de enemigos. Y Carter nos acusaba de difamarlo.

Johnson, Nixon y Carter fueron más conducidos que conductores, los tres atrapados por sus propias sombras. Fueron hombres perseguidos por fantasmas, formados más por sus tempranas privaciones que por sus éxitos posteriores. Así, pues, no se inventaron a sí mismos. Fueron hechos — y deshechos — por su propia historia.

Cuando se le preguntó a Henry Kissinger qué había aprendido de los presidentes con quienes trabajó (empezando por Kennedy, por conducto del cual conoció a Truman), contestó: "Los presidentes no hacen grandes cosas basándose en sus limitaciones sino concentrándose en sus posibilidades". Dejan atrás el pasado y miran al futuro.

Mientras que Roosevelt y Kennedy se hicieron a sí mismos de nuevo, y por tanto independientes y libres, Nixon y Carter fueron mercancía usada, por más que avanzaran desde sus estrechos comienzos, por más que subieran. Roosevelt, Truman, Eisenhower y Kennedy se inventaron a sí mismos y después inventaron el futuro. Johnson, Nixon y Carter fueron hechos por su pasado. Le impusieron al presente esas mezquinas lecciones de su pasado y ensombrecieron el futuro. Los buenos líderes cautivan al mundo. Los malos líderes lo engañan, o tratan de engañarlo.

Los griegos creían que la excelencia se basaba en un equilibrio perfecto de *eros* y *logos*, sentimiento y pensamiento, ambos derivados de la comprensión del mundo en todos los niveles, desde "la contemplación concreta de los hechos completos". La comprensión verdadera proviene del compromiso y de nuestro despliegue total. Como lo dijo John Gardner, una cosa es el talento y otra cosa es su expresión triunfante. Sólo cuando nos desplegamos totalmente podemos lograr esa expresión triunfante. El despliegue total, el compromiso, afinan y agudizan todas nuestras dotes y aseguran que uno será un original, no una copia.

Líderes, no gerentes

Me inclino a pensar que la diferencia que hay entre líderes y gerentes es la misma que hay entre los que dominan el contexto y los que se le rinden. También hay otras diferencias, y son sumamente importantes:

- El gerente administra; el líder innova.
- El gerente es una copia; el líder es un original.
- El gerente conserva; el líder desarrolla.
- El gerente se concentra en sistemas y estructura; el líder se concentra en las personas.
- El gerente se vale del control; el líder inspira confianza.
- El gerente tiene una visión a corto plazo; el líder tiene una perspectiva a largo plazo.
- El gerente pregunta cómo y cuándo; el líder pregunta qué y por qué.
- El gerente siempre fija la vista en las utilidades; el líder mira el horizonte.
- El gerente imita; el líder origina.
- El gerente acepta el *statu quo*; el líder lo desafía.
- El gerente es el clásico buen soldado; el líder es la persona que no depende de nadie.
- El gerente hace las cosas bien; el líder hace las cosas que se deben hacer.

Para volver a Wallace Stevens, los gerentes usan sombreros cuadrados y aprenden por entrenamiento. Los líderes llevan sombrero mejicano y buscan educación. Considérense las diferencias entre entrenamiento y educación:

EDUCACION	ENTRENAMIENTO
inductiva	deductivo
tentativa	firme
dinámica	estático
comprensión	memorización
ideas	hechos
amplia	estrecho
profunda	superficial
experimental	maquinal
activa	pasivo
preguntas	respuestas
proceso	contenido
estrategia	táctica

	alternativas	meta
	exploración	predicción
	descubrimiento	dogma
	activa	reactivo
	iniciativa	dirección
	todo el cerebro	hemisferio izquierdo
	vida	empleo
	largo plazo	corto plazo
	cambio	estabilidad
	contenido	forma
	flexible	rígido
	riesgo	reglas
	síntesis	tesis
	abierta	cerrado
	imaginación	sentido común
TOTAL:	LIDER	GERENTE

Si la lista de la derecha le parece extraña al lector, es porque no es ésa la forma en que generalmente nos enseñan. Nuestro sistema educativo es mejor para entrenar que para educar; y es una lástima que así sea. El entrenamiento es bueno para los perros porque les exigimos obediencia. En los seres humanos lo único que hace es orientarlos a lo práctico.

La lista de la izquierda contiene todas las cualidades que las escuelas de administración de empresas no fomentan, pues ellas optan por el corto plazo, la maximización de utilidades, los resultados en términos microeconómicos. Los resultados no tienen nada que ver con encontrar problemas. Y necesitamos individuos capaces de encontrar problemas porque los que hoy se nos presentan no siempre están claramente definidos ni son lineales. Los arquitectos modernos están abandonando la divinidad del ángulo recto para dar preferencia a romboides, espacios redondos y parábolas. Para que un líder desarrolle las necesarias competencias, debe empezar a pensar en romboides.

Los líderes no tienen nada con qué trabajar fuera de ellos mismos. Una de las paradojas de la vida es que los buenos líderes suben a la cima a pesar de sus puntos débiles, mientras que los malos líderes suben por razón de sus puntos débiles. Abraham Lincoln era víctima de serios estados depresivos, y, sin embargo, ha sido el mejor presidente que ha tenido este país y lo guió a través de su crisis más grave. Hitler, por el contrario, le impuso su psicosis al pueblo alemán y lo llevó por delirios de grandeza a la más vil locura y a la más terrible matanza de que el mundo tenga memoria.

Para bien o para mal, lo que es cierto de los líderes lo es también de todos nosotros: somos nuestra propia materia prima. Sólo cuando sabemos de qué estamos hechos y qué queremos hacer de ello podemos empezar nuestra vida — y esto es algo que tenemos que hacer, pese a una inconsciente conspiración de personas y sucesos que se alzan contra nosotros. Es la tensión del carácter nacional de que ya hablé. Como dice Norman Lear: "Por una parte, somos una sociedad que parece orgullosa del individualismo; por otra, no toleramos realmente el individualismo. Queremos homogenizarlo".

Para Sydney Pollack, director de cine y ganador del Oscar, la búsqueda del conocimiento de sí mismo es un proceso continuo. "Siempre hay en mi mente una especie de monólogo o diálogo", dice. "Algo de ello es parte de la vida de la fantasía y algo es exploratorio. A veces me doy maña para llegar a la solución de un problema imaginando que estoy hablando sobre solución de problemas. Si no sé la respuesta a alguna pregunta, me imagino que me han hecho la pregunta. Faulkner dijo: «Yo no sé lo que pienso hasta que leo lo que escribo». Esto no es sólo un chiste. Uno averigua lo que piensa codificando su pensamiento en alguna forma".

Esto es muy cierto. Codificar uno su pensamiento es un paso importante para inventarse a sí mismo. La manera más difícil de hacerlo es pensar en pensar, lo cual ayuda a hablar o escribir lo que uno piensa. Escribir es la manera más profunda de codificar el pensamiento, la mejor manera de aprender de uno mismo, de saber quién es uno y en qué cree.

La periodista Gloria Anderson agrega: "Es vital para una persona desarrollar su propio sentido de sí misma y su papel en el mundo, y es igualmente vital ensayar cosas nuevas, ponerse a prueba y poner a prueba sus creencias y sus principios. Creo que queremos personas que sostengan lo que creen, aun cuando no estemos de acuerdo con ellas, porque tenemos confianza en tales personas".

La científica Mathilde Krim está de acuerdo: "Uno tiene que ser un buen explorador y saber escuchar para captar todo lo posible, pero no para tragarlo todo sin sentido crítico. En fin de cuentas, uno tiene que confiar en sus reacciones espontáneas. Los valores y las creencias son importantes para saber dónde está uno parado, pero tienen que ser sus propios valores, no los ajenos".

Si conocerse uno mismo y tener dominio de sí mismo fuera tan fácil de practicar como de hablar de ello, no habría tanta gente que anda por el mundo en posturas prestadas, propagando ideas de segunda mano, tratando desesperadamente de encajar más bien que de destacarse. El ex presidente de Lucky Stores, Don Ritchey, dice sobre la necesidad de ser uno como es: "Me parece que a los falsos los conocen muy pronto, ya sea como individuos o como parte de una compañía. Como dice Emerson: «Lo que eres habla tan fuerte que no oigo lo que dices»".

Los que nacen una vez y los que nacen dos veces

Abraham Zaleznik, profesor de Harvard, dice que hay dos clases de líderes: los que nacen una vez y los que nacen dos veces. Para los que nacen una sola vez, la transición de hogar y familia a independencia es relativamente fácil. Los que nacen dos veces por lo general sufren a medida que crecen, se sienten distintos, hasta aislados, y desarrollan así una compleja vida interior. Con la edad se van volviendo realmente independientes y aprenden a confiar del todo en sus propias creencias e ideas. Los líderes que nacen dos veces se orientan al interior, están seguros de sí mismos y, como resultado, son realmente carismáticos, según Zaleznik.

Diremos, pues, que los que nacen sólo una vez han sido inventados por las circunstancias, como en el caso de Johnson, Nixon y Carter, mientras que los que nacen dos veces se inventan a sí mismos, como es el caso de Roosevelt y Truman.

Hay dos estudios que subrayan los beneficios y aun la necesidad de la autoinvención. Según el primero, los hombres cambian de profesión después de sufrir un ataque cardíaco. Enfrentados a su mortalidad, se dan cuenta de que lo que han venido haciendo, aquello en que han invertido la vida, no es un reflejo adecuado de sus reales necesidades y deseos.

El otro estudio revela que lo que determina el nivel de satisfacción en los hombres que han pasado de la edad madura, es el grado en que actuaron de acuerdo con sus sueños de juventud. Lo que cuenta no es tanto si convirtieron en realidad o no esos sueños, sino su honrada persecución de éstos. De esa honrada persecución proviene la dimensión espiritual del esfuerzo creador.

Hay pruebas, desde luego, de que las mujeres también son más felices cuando se inventan a sí mismas en lugar de aceptar sin discusión el papel que les enseñaron a desempeñar. La psicóloga y autora Sonya Friedman dice: "La verdad de este asunto es que las mujeres más perturbadas emotivamente son las casadas que se han dedicado totalmente al papel tradicional de amas de casa. Las mujeres solteras siempre han sido más felices que las casadas. Siempre. Y no hay ningún estudio que lo contradiga".

Quedarse solteras ha sido históricamente la única forma en que las mujeres han tenido libertad para inventarse a sí mismas. La poetisa del siglo diecinueve Emily Dickinson, que permaneció en reclusión, que nunca se casó y que ciertamente se inventó a sí misma, le dijo — según cuentan — a una de las raras visitas que recibía en su habitación: "¡Aquí está la libertad!"

Por fortuna, los tiempos nuevos han traído también un cambio en las relaciones. Muchas de las líderes con quienes hablé se han inventado a sí mismas, a pesar de haberse casado... como la misma señora Friedman.

No me cansaré de subrayar la necesidad de autoinvención. Ser auténtico es literalmente ser uno su propio autor (las dos palabras se derivan de una misma raíz griega), descubrir sus propias energías y deseos, y luego encontrar su propia manera de actuar sobre ellos. Una vez realizado esto, uno ya no existe simplemente para corresponder a una imagen propuesta por el medio cultural o por alguna otra autoridad o por una tradición de familia. Cuando uno escribe su propia vida, suceda lo que suceda, ha jugado el juego que le era natural jugar. Si, como alguien dijo: "El papel del supervisor en una sociedad industrial moderna es limitar el potencial de sus subalternos", entonces el deber de uno es hacer lo que sea necesario para romper esos límites y poner en juego todo su potencial, cumplir el pacto con sus sueños de juventud.

A esto agregaría Norman Lear que no vale la pena llegar a la meta si uno no goza del viaje. "Hay que ver el éxito en forma incremental", dice. "Se necesita mucho tiempo para lograr cualquier triunfo importante... Si uno puede ver la vida como actos que se cumplen satisfactoriamente momento por momento, podría ver que la mayor parte de ella es de éxitos, y aceptar cada uno con una venia; esperar las venias grandes es mal negocio; éstas no vienen sino muy de tarde en tarde".

Aplaudirse uno mismo por sus pequeños éxitos y aceptarlos con una venia es una buena manera de aprender a experimentar la vida cada instante que uno vive. Y eso es parte de inventarse uno mismo, de crear su propio destino.

Para convertirse en líder, pues, uno necesita convertirse en uno mismo, ser el creador de su propia vida. Si bien no hay reglas para ello, sí hay algunas lecciones que puedo ofrecerle a usted, sacadas de mi decenio de observación y estudio. Y ahora veamos esas lecciones.

3

Hay que conocerse a sí mismo

Muchas veces he pensado que la mejor manera de definir el carácter de un hombre sería buscar aquel estado de ánimo mental o moral con el cual, cuando lo experimenta, se siente más profunda e intensamente activo y vivo. En tales momentos oye una voz interior que le dice: "Este es mi verdadero yo".

William James
Cartas

Cuando llegamos a la pubertad, el mundo se ha puesto en contacto con nosotros y nos ha formado más de lo que creemos. La familia, los amigos, la escuela y la sociedad en general nos han dicho, con la palabra y mediante el ejemplo, cómo debemos ser. Pero una persona empieza a ser líder desde el momento en que resuelve por sí mismo cómo ser.

A algunos líderes esto les ocurre temprano. La ex secretaria de Educación Shirley Hufstedler ha pasado su vida como profesional del derecho, pero de niña actuaba un poco fuera de la ley. Ella me contó esto: "Cuando yo era muy joven, las cosas que quería hacer no eran permitidas por los convencionalismos sociales. Yo quería hacer muchas cosas que no se consideraban propias de una niña. Entonces tuve que ingeniarme la manera de hacer lo que yo quería, sin dejar de presentarme con mi delantal infantil al recital de piano, para guardar las apariencias. Me dirá usted que esto era un engaño, pero a mí me parece observación y saber soslayar los obstáculos. Si uno piensa en lo que quiere realizar y examina las posibilidades, generalmente encuentra la manera de alcanzarlo".

Brooke Knapp, aviadora pionera y mujer de negocios, también se salió del molde. "Me crié en el Sur", me dijo, "y me criaron para ser esposa. Cuando yo estudiaba en la universidad, la definición del éxito era casarse con un caballero y ayudarle a triunfar y tener hijos... pero yo era un poco salvaje, en el buen sentido de la palabra, porque era más fuerte que mi mamá, y no había manera de controlarme".

Sin embargo, pronto aprendió que ser uno mismo no es tan fácil. Me explicó: "En la escuela secundaria comprendí que iban a votar por mí como la más atlética, pero como yo no quería que me pusieran la etiqueta de «hombruna», resolví hacerme la más popular. Me aprendí los nombres de todos los que iban a votar, los llamé a todos por su nombre y así gané. Mi popularidad sufrió un colapso cuando las madres de las niñas de mi clase empezaron a criticarme. Llegué a la conclusión de que el éxito significa que uno no le gusta a la gente y se vuelve una mala persona, de manera que durante muchos años me encerré. Sólo después de casarme volví a sentir la necesidad de realización".

Así, pues, conócete a ti mismo significa separar lo que uno es y quiere ser de lo que el mundo piensa que es y quiere que sea. El autor y psiquiatra Roger Gould también declaró su independencia muy temprano. Me dijo: "Recuerdo que en las discusiones con mi padre parecía haber reglas arbitrarias que yo nunca entendí. Siempre preguntaba «por qué». Una vez, cuando tenía unos seis años, estaba tendido en la cama mirando las estrellas y pensé: Allá hay otros planetas, y tal vez haya vida en algunos, y la Tierra es enorme, con millones de personas, y todos no pueden tener razón siempre, así que mi padre se puede equivocar y yo puedo tener razón. Esta era mi propia teoría de la relatividad. Más tarde, en la escuela secundaria, empecé a leer los clásicos y con ellos se efectuó en mi vida la transición que me separó de mis padres. Tuve entonces mi vida privada, que podía apreciar en sí misma sin hablarle a nadie de ella hasta que la hubiera digerido para mí mismo".

Shirley Hufstedler, Brooke Knapp y Roger Gould claramente se inventaron a sí mismos, como los demás líderes con quienes conversé. Vencieron diversos obstáculos en diversas formas, pero todos subrayan la importancia de conocerse a sí mismo.

Algunos inician el proceso temprano y otros más tarde. No importa. El autoconocimiento y la autoinvención son procesos de toda la vida. Los que desde la niñez o la adolescencia luchan por conocerse y adquirir el dominio de sí mismos, siguen hoy explorando sus profundidades, reflexionando sobre sus experiencias y poniéndose a prueba. Otros, como Roosevelt y Truman, empiezan a rehacerse ya en la edad madura. A veces sencillamente no nos gusta lo que somos o lo que estamos haciendo, y buscamos un cambio. Otras veces, como en el caso de Truman, los acontecimientos nos exigen más de lo que creemos tener. Pero todos podemos encontrar recompensas tangibles e intangibles en el autoconocimiento y el autodominio, porque si uno sigue haciendo lo que siempre ha hecho, seguirá obteniendo lo que siempre ha obtenido — y eso puede ser menos de lo que uno quiere o merece.

Todos los líderes con quienes conversé estuvieron de acuerdo en que nadie, como no sea uno mismo, le puede enseñar a uno a conocerse, a ser dueño de sí mismo, a expresarse. Pero hay cosas que otros han hecho y que nos conviene tener en cuenta. Las he organizado como las cuatro lecciones del conocimiento de sí mismo. Son éstas:

- Primera: Usted mismo es su mejor maestro.
- Segunda: Acepte la responsabilidad. No culpe a nadie.
- Tercera: Usted puede aprender cualquier cosa que quiera aprender.
- Cuarta: La verdadera comprensión proviene de reflexionar sobre su experiencia.

Primera lección: Usted mismo es su mejor maestro.

Gib Akin, profesor asociado en la Escuela de Comercio McIntire de la Universidad de Virginia, estudió la experiencia de aprendizaje de sesenta gerentes. Escribiendo para *Organizational Dynamics*, Akin manifiesta que las descripciones de dichos gerentes resultaron "sorprendentemente congruentes... El aprendizaje se experimenta como una transformación personal. Una persona no acumula conocimientos como posesiones sino que más bien se convierte en una nueva persona... Aprender no es tener, es ser". En la lista de modos de aprender que da Akin figuran éstos:

- Emulación, en que uno emula con alguien a quien conoce o con alguna figura histórica.
- Desempeño de un papel, en que uno tiene un concepto de lo que uno debe ser y actúa como tal.
- Realización práctica, en que uno ve un problema como una oportunidad y aprende por la experiencia de resolverlo.
- Validación, en que uno pone a prueba los conceptos aplicándolos, y aprende según los hechos.
- Anticipación, en que uno desarrolla un concepto y luego lo aplica, aprendiendo antes de actuar.
- Desarrollo personal, en que a uno le preocupan menos las habilidades específicas que la comprensión de sí mismo y la "transformación de valores y actitudes".
- Aprendizaje científico, en que uno observa, conceptualiza a base de observación, y luego experimenta para recoger nuevos datos, con la verdad como objetivo primordial.

Los gerentes con quienes se entrevistó Akin citaron dos motivaciones básicas para aprender. La primera es la necesidad de saber, que describieron, según dice, "como una sed o hambre devoradora que a veces dominaba su atención hasta que la satisfacían". La segunda es "un sentido del papel" que hay que desempeñar y que proviene "de percibir el trecho entre lo que él o ella es y lo que debiera ser".

En otros términos, esos gerentes entendían que no estaban realizando todo su potencial, que no se estaban expresando completamente. Y sabían que aprender era el camino para salirse de la trampa, un paso grande hacia la autoexpresión. Veían el aprendizaje como algo íntimamente relacionado con el *yo*. Nadie podría haberles enseñado eso en la escuela. Tenían que enseñárselo ellos mismos. De algún modo habían llegado a un punto de la vida en que sabían que tenían que aprender cosas nuevas: o bien eso, o confesar que se contentaban con menos de lo que eran capaces de realizar. Si se puede aceptar todo esto, como lo aceptaban estos gerentes, el paso siguiente es hacerse responsable de su educación y de sí mismo. Negación e inculpación son dos graves obstáculos en el camino hacia el conocimiento de sí mismo.

Segunda lección: Acepte la responsabilidad. No culpe a nadie.

La sabiduría de esto me parece a mí intuitivamente obvia, así que los dejaré a ustedes escuchar a Marty Kaplan, el mejor ejemplo que yo conozco de aceptar la responsabilidad por sí mismo.

A los treinta y siete años de edad, Kaplan, vicepresidente de Disney Productions, empezó su tercera carrera. Llegó a Disney con una amplia experiencia — desde biología hasta el *Harvard Lampoon*, desde el periodismo hablado y escrito hasta la política de alto nivel. Sabía mucho sobre muchas cosas pero muy poco sobre el negocio del cine. La descripción que hace de la forma en que diseñó su propia universidad ilustra cómo aceptó la responsabilidad de crear su propio triunfo:

"Antes de iniciarme en este empleo me sometí a un curso intensivo, viendo cinco o seis películas al día durante seis semanas, tratando de ver todas las películas que habían tenido éxito en los últimos años. Después leí cuantos guiones pude conseguir para descubrir por qué esas películas habían sido tan buenas. Más o menos inventé mi propia universidad, a fin de adquirir algún conocimiento del negocio y del arte... Siempre he estado en mundos en que ha sido importante conocer a la comunidad. En la facultad de postgrado, cuando estudiaba literatura, conocer a los escritores y a los críticos era conocer un universo. En Washington tuve que conocer a los jugadores de la política, y aquí también tenía que aprender a conocer a los jugadores. Para mí era claro que había unos cien escritores importantes, y me impuse sistemáticamente la tarea de leer uno o dos guiones de cada uno de ellos. Cuando llegué aquí me dijeron que tardaría unos tres años en hacerme al medio, pero después de nueve meses el jefe del estudio me dijo que ya me había graduado y me ascendió. A la vuelta de un año encontré, con uno que otro tropiezo, que podía desempeñarme tan bien como mis colegas que habían hecho aquí toda su carrera. Esto lo atribuyo en parte a disciplina, en parte a voluntad y en parte a que las habilidades son transferibles; es decir, que muchas de las mismas habilidades se ponen en juego tanto en la biología molecular como en la política y en el cine. Todo es cuestión de hacer conexiones.

"Una de las cosas que hice cuando llegué aquí por primera vez fue sentarme todo el día en la oficina del jefe del estudio, día tras día, y observar y escuchar todo lo que él decía o hacía. Cuando llegaban los escritores o los productores, allí estaba yo. Cuando él hablaba por teléfono, yo escuchaba atentamente y lo oía tratar los asuntos que una persona en su posición tiene que tratar: cómo le dice al uno que no, al otro que sí, cómo se escabulle, cómo halaga y persuade. Yo siempre tenía a mano papel y lápiz, y durante esos primeros meses, que fueron muchos, apuntaba todas las frases que no entendía, expresiones de la jerga del oficio, nombres, maniobras incomprensibles, negociaciones financieras propias del negocio que yo no conocía, y periódicamente perseguía luego a todo el que me pudiera dar una explicación.

"No había ninguna situación que no me dejara alguna enseñanza porque todo era nuevo para mí, y, por tanto, no importaba de qué asunto se tratara o cuán estúpida fuera la persona con quien trataba, o cuán absurda fuera la idea que algún inepto me transmitía, siempre la experiencia era útil porque yo me encontraba en aquella situación por primera vez. Todo era nuevo, de modo que yo tenía una tolerancia completa para toda experiencia imaginable, y a medida que iba aprendiendo de lo que otras personas considerarían experiencias tediosas o estúpidas y evitables, yo iba filtrando toda la información que recogía para dejar únicamente lo que era útil e importante para mí, o sea las cosas de las cuales podía aprender o las que tenía que hacer".

Tercera lección: Usted puede aprender cualquier cosa que quiera aprender.

Si uno de los ingredientes básicos del liderazgo es la pasión por las promesas de la vida, la clave de realizar tales promesas es dejar surgir el *yo*, que fue lo que hizo Kaplan cuando llegó a Disney. Esto es simplemente otra manera de definir el liderazgo.

Aprender, como aprendió Kaplan, como yo aplico aquí el término, es mucho más que absorber una cantidad de conocimientos o de dominar una disciplina; es ver todo el mundo simultáneamente como es y como podría ser, comprender lo que se ve y actuar de acuerdo con la comprensión. Kaplan no se contentó con estudiar el mundo del cine: lo abrazó y lo absorbió, y así lo comprendió.

Durante nuestra conversación yo le indiqué que ese tipo de aprendizaje tiene que ver con reflexionar sobre la experiencia. Kaplan me dijo: "Yo le agregaría a eso un componente, que es el apetito de adquirir experiencia, pues hay personas reacias a la experiencia y que, por consiguiente, no aprenden. Si no se tiene el apetito de absorber cosas nuevas y potencialmente perturbadoras, no se aprende... Es en parte cuestión de temperamento. Es una especie de valor, optimismo y confianza, no de tenerle miedo al fracaso".

"No tenerle miedo al fracaso". Tengamos esto en cuenta porque más adelante volveremos sobre el tema.

Cuarta lección: La verdadera comprensión proviene de reflexionar sobre su experiencia.

Kaplan no se limitó a ver todas esas películas, leer todos esos guiones y pasar todas esas horas en la oficina del director del estudio. Hizo todo eso, pero además reflexionó sobre lo que había visto y leído y escuchado, y llegó a una nueva comprensión.

Reflexionar sobre la experiencia es una manera de sostener un diálogo socrático consigo mismo, plantearse los interrogantes debidos y a su debido tiempo, a fin de descubrir la verdad de sí mismo y de su vida. ¿Qué pasó realmente? ¿Por qué pasó? ¿Cómo me afectó? ¿Qué significó para mí? En esta forma uno localiza y se apropia el conocimiento que necesita o, más precisamente, recupera lo que ya sabía pero había olvidado, y es entonces, según la frase de Goethe, el martillo y no el yunque.

Kaplan lo expresó con vigor: "El hábito de la reflexión puede ser una consecuencia de enfrentarse a la mortalidad... Empezar a entender cualquier tipo de gran literatura es entender que es una carrera contra la muerte, y es el poder redentor del amor, o de Dios, o del arte, o de lo que sea que el autor proponga, lo que hace que la carrera contra la muerte valga la pena. En cierto modo, reflexionar es hacerse preguntas que producen la conciencia de sí mismo".

Nada es verdaderamente nuestro — ni siquiera nosotros mismos — hasta que lo entendamos. Nuestros sentimientos son verdades en bruto, no adulteradas; pero mientras no comprendamos por qué estamos alegres, o enfadados, o preocupados, la verdad nos es inútil. Por ejemplo, a todos nos ha gritado un superior y nos hemos mordido la lengua temerosos de contestarle en igual forma. Más tarde gritamos a un amigo que no nos ha hecho nada. Tales desplazamientos de emociones manchan nuestra vida y la empequeñecen. Esto no significa que gritar a un superior sea una respuesta útil. Comprender es la solución. Cuando uno comprende, sabe cómo actuar.

La importancia de reflexionar sobre la experiencia, la idea de que la reflexión lleva a la comprensión, surgió una y otra vez en mis conversaciones con los líderes. Anne Bryant, directora ejecutiva de la Asociación Americana de Mujeres Universitarias, ha hecho de la reflexión parte de su rutina cotidiana: "Todas las mañanas, cuando suena el despertador, me quedo en la cama unos quince minutos repasando lo que me propongo sacar de todos los sucesos del día y lo que quiero dejar terminado a fines de semana. He venido haciendo esto durante dos o tres años, y, si no lo hago, me parece que malgasté el día".

Para ver adelante con perspicacia, hay que mirar primero atrás con honradez. Después de pasar cuatro días de la semana en su oficina de Washington, D. C., Anne Bryant pasa el resto de la semana en su casa en Chicago; allí lee, reflexiona sobre los hechos de la semana y hace planes para los días venideros.

Estas son, pues, las cuatro lecciones del conocimiento de sí mismo, pero para ponerlas en práctica hay que entender el efecto que ejercieron las experiencias de la niñez, la familia y los compañeros en la persona en que uno se convirtió.

Con mucha frecuencia somos extraños para nosotros mismos. En su libro *The Lonely Crowd*, David Riesman escribe: "La fuente de guía para el individuo es «interior» en el sentido de que se la inculcan temprano sus mayores y está dirigida al desempeño de papeles generalizados pero no por ello menos inevitables", mientras que "lo que es común a todas las personas dirigidas por otros es que para ellas la fuente de dirección son sus contemporáneos — ya se trate de aquéllos a quienes conoce o de aquéllos de quienes tiene conocimiento indirecto por medio de amigos o de los medios de comunicación masiva. Esta fuente se interioriza en el sentido de que se implanta temprano la dependencia de ella como guía en la vida. Las metas que persigue la persona dirigida por otros fluctúa con esa guía: lo que se mantiene inalterable toda la vida es el proceso mismo de búsqueda y el de prestar cuidadosa atención a las señales que vienen de otros".

En otras palabras, casi todos somos moldeados por nuestros mayores o por nuestros semejantes. En cambio, los líderes se dirigen a sí mismos. Detengámonos a meditar un instante en ello. Los líderes se dirigen a sí mismos, pero el aprendizaje y la comprensión son las claves para dirigirse uno mismo, y es mediante nuestras relaciones con otros como aprendemos acerca de nosotros mismos. En *El doctor Yivago*, Boris Pasternak escribe:

> *Bien, ¿qué eres tú? ¿Qué es aquello que siempre has conocido como tú mismo? ¿De qué tienes conciencia en ti: de tus riñones, de tu hígado, de tus venas? No. Por más que retrocedas en la memoria, siempre es en alguna manifestación externa de tu ser donde te encuentras con tu identidad: en el trabajo de tus manos, en tu familia, en otras personas. Y ahora, escucha con cuidado. Tú en otros — eso es lo que eres; esto es lo que tu conciencia ha respirado y ha vivido, tu alma, tu inmortalidad* — TU VIDA EN OTROS.

Entonces, ¿cómo resolver esta paradoja? De este modo: Los líderes *aprenden* de otros pero *no son moldeados* por otros. Esta es la marca distintiva de los líderes. La paradoja se convierte en dialéctica. El yo y el no yo se sintetizan por la autoinvención.

Lo que esto significa es que aquí y ahora el verdadero aprendizaje tiene que estar precedido del desaprendizaje, porque nuestros padres y maestros y amigos nos enseñan a seguir la corriente, a acomodarnos a sus normas, en lugar de permitirnos ser nosotros mismos.

Alfred Gottschalk, rector del Hebrew Union College, me dijo: "Lo más difícil que he tenido que transmitirles a los niños, a los míos y a otros, es la necesidad de entenderse consigo mismos. Sus intereses no son profundos. No piensan en las cosas. Aceptan lo que se les dice y lo que leen o ven en la TV. Son conformistas. Aceptan los dictados de la moda".

Habiéndole pedido a Gottschalk que definiera su filosofía, dijo: "Estimo valiosa la necesidad de que el individuo se sienta único y de que la colectividad acoja siempre la diversidad. Creo en la unidad sin uniformidad y en la capacidad que tiene el hombre de redimirse".

Ante las presiones de nuestros padres y de nuestros semejantes, ¿cómo nos las arreglamos para salir como adultos cuerdos, por no decir productivos?

En *The Principles of Psychology* William James dice:

> *El yo de un hombre es la suma total de cuanto llama suyo, no sólo su cuerpo y sus facultades psíquicas sino también su ropa y su casa, su mujer y sus hijos, sus antepasados y sus amigos, su reputación y su obra, sus tierras y sus caballos, su yate y su cuenta bancaria. Todas estas cosas le proporcionan las mismas emociones. Si medran y prosperan, él se siente triunfante; si decaen y perecen, se deprime.*

Sería difícil encontrar una descripción más acertada de los jóvenes profesionales urbanos de hoy, los más conspicuos consumidores. Pero como afirma James, "...nuestro sentido de individualidad en este mundo depende enteramente de cuánto *nos prestemos apoyo* a nosotros mismos para ser y hacer".

De modo, pues, que el líder empieza por prestarse apoyo a sí mismo, por inspirarse, por confiar en sí mismo, y, por último, inspira a otros porque él es digno de confianza.

El famoso psicoanalista Erik Erikson ha dividido la vida en ocho etapas que conviene estudiar cuando examinamos la autoinvención:

1. Infancia: Confianza básica versus desconfianza básica.
2. Primera niñez: Autonomía versus vergüenza y duda.
3. Edad de los juegos: Iniciativa versus culpabilidad.
4. Edad escolar: Industriosidad versus inferioridad.
5. Adolescencia: Identidad versus confusión de identidad.
6. Juventud: Intimidad versus aislamiento.
7. Edad adulta: Generatividad versus estancamiento.

8. VEJEZ: Integridad versus desesperanza.

Erikson cree que no pasamos a la siguiente etapa hasta que hayamos resuelto satisfactoriamente la crisis de la precedente. Por ejemplo, muchos nunca salen de la lucha interior entre iniciativa y remordimiento, de manera que carecen de verdadero propósito. Hace apenas una generación a una mujer atrapada entre la maternidad y el ansia de realizar una carrera profesional la consideraban por lo menos egoísta, si no desnaturalizada. Renunciar a la maternidad, ni pensarlo; pero tratar de hacer carrera y al mismo tiempo criar hijos era una elección frustrante y, por lo general, sin apoyo. Cualquiera fuera el camino que eligiera, seguía sin solución la pugna entre iniciativa y culpabilidad. Desde luego, estos confli tos interiores tenían sus manifestaciones externas y afectaban a las personas que convivían con ella, no menos que a ella misma. Nadie sufre solo, ni siquiera el ermitaño.

Tradicionalmente, ha sido más fácil para los hombres pasar por estas etapas y sus correspondientes crisis; pero también ellos, aguijoneados por bienintencionados padres y maestros, hacen lo que se supone que deben hacer en la vida, no lo que ellos quieren. Así, el que soñaba ser poeta se hace contador y el que quería ser vaquero llega a ser un hombre de negocios, y ambos sufren los tormentos de no haberse realizado. ¿Y quién sabe lo que habrían alcanzado si hubieran perseverado en su ideal? John Lennon, ex integrante del grupo de los Beatles y quizá el más influyente compositor de canciones de su generación, se dio el gusto de regalarle a una tía que lo crió una placa de oro con la inscripción de la cantinela que ella siempre le repetía: "Nunca te ganarás la vida tocando esa guitarra".

En el mundo, según Erikson, la forma en que resolvamos las ocho crisis determina qué seremos:

1. Confianza versus desconfianza = esperanza o retiro.
2. Autonomía versus vergüenza y duda = deseo o compulsión.
3. Iniciativa versus culpabilidad = propósito o inhibición.
4. Industriosidad versus inferioridad = competencia o inercia.
5. Identidad versus confusión de identidad = fidelidad o repudio.
6. Intimidad versus aislamiento = amor o exclusividad.

7. Generatividad versus estancamiento = interés o rechazo.
8. Integridad versus desesperanza = sabiduría o desdén.

Teniendo en cuenta el inmenso poder que el mundo ejerce sobre nosotros a medida que avanzamos por los primeros años de la vida, es sorprendente que logremos resolver cualquiera de estas crisis en forma positiva. Una señora me decía en días pasados: "Me parece que la nueva frase *chic*, «la familia disfuncional», es redundante. Si existe una familia funcional, yo por lo menos no la he visto". Lo que quería decir es que las familias ideales de la televisión están muy lejos de la realidad que la mayoría de nosotros experimentamos. Los niños de las comedias de enredo de la TV probablemente gozan de padres más cuerdos y amorosos y de una niñez más feliz que el resto de la población.

El analista Gould tiene en preparación un nuevo libro, *Recovering from Childhood*, que tratará sobre "cómo sobreponerse al problema de adaptación que se presenta en los primeros años de la vida. Si uno deja que se presente, pasa por un proceso de recuperación automática a medida que hace frente a nuevas realidades. Para responder apropiadamente a los retos de cada ciclo de su vida, uno tiene que revisar continuamente sus defensas y sus supuestos, y en el curso de esa revisión va allanando el camino... Los sentimientos son memorias de comportamientos anteriores. Cuando uno los analiza y separa lo que es actual de lo que desechó, puede aplicar realmente su proceso de pensamiento para modificar su conducta".

Existen amplias pruebas de que el desarrollo del *yo* no termina con la madurez física, de modo que aun cuando no podamos modificar nuestra estatura o estructura ósea, sí podemos cambiar la mente. Una reciente campaña publicitaria promete: "Nunca es tarde para tener una niñez feliz". Yo no diría tanto. No es posible cambiar las circunstancias de la niñez, ni mucho menos mejorarlas a estas horas de la vida, pero sí podemos recordarlas honradamente, reflexionar sobre ellas, entenderlas y así sobreponernos a la influencia que ejercen en nosotros. Retiro se puede cambiar por esperanza, compulsión por deseo, inhibición por propósito e inercia por competencia mediante el ejercicio de memoria y comprensión.

Algunas personas no están de acuerdo con esto, pues creen

que el destino del individuo está totalmente contenido en sus genes, de manera que cada uno es un simple producto de la herencia. Otros sostienen con fervor que somos producto del ambiente y que el destino del hombre lo determinan las circunstancias. Estudios de gemelos idénticos que han sido criados separadamente indican que hay más verdad en la primera de estas perspectivas, pero la verdadera respuesta a cómo nos convertimos en lo que somos es más compleja.

Informes recientes sobre el ADN y la estructura genética cromosómica indican que hay un fuerte componente hereditario en las enfermedades. Sin embargo, otros afirman que si sucumbimos, o no, a determinadas afecciones se puede atribuir a tensión emocional y al temperamento. De modo análogo, algunos científicos consideran que el cerebro y el corazón son simples órganos, capaces nada más que de reacciones químicas, mientras que para otros el cerebro y el corazón son la sede de la razón y de las emociones, el refinamiento y la poesía, todas las cualidades y las capacidades que nos diferencian de los simios. Estudios recientes indican que hay pruebas neurobiológicas de que una parte del cerebro viene ya con sus circuitos inmodificables desde antes del nacimiento, mientras que otra parte es de naturaleza plástica para absorber y cotejar experiencias.

Algunos científicos sostienen hoy que hasta los rasgos de la personalidad, como introversión, humorismo y demás, son de origen genético. Entre los que sostienen el determinismo hereditario y los que sostienen el determinismo ambiental no queda mucho campo para la autodeterminación. Todos esos argumentos contribuyen a quitarle al individuo la responsabilidad de su comportamiento, una nueva variación de la vieja rutina de Flip Wilson: "Este traje me lo hizo comprar el diablo".

La verdad es que somos producto de todo: genes, ambiente, familia, amigos, vientos alisios, terremotos, manchas solares, escuelas, accidentes, suerte, cualquier cosa que a uno se le ocurra, y aun más. Los de la Nueva Era agregarían encarnaciones anteriores. El interminable debate naturaleza-crianza es interesante y aun en ocasiones revelador, pero no concluyente. Y como guía para la vida es tan útil como un cuadro astrológico. Los líderes, lo mismo que todo el mundo, son producto de este complicado caldo de química y circunstancias. Lo que diferencia al líder de todos los demás es que él se hace a sí mismo, nuevo y único.

El novelista William Faulkner nos dice que el pasado no ha muerto. Ni siquiera ha pasado todavía. Cada uno contiene su vida entera. Todo lo que hemos hecho o hemos visto, todas las personas que hemos conocido, todo lo llevamos en la cabeza. Pero todo ese bagaje psíquico se puede convertir en experiencia comprensible y útil mediante la reflexión. Sócrates dijo: "La vida no analizada no vale la pena vivirla". Yo iría un paso más allá: Es imposible vivir con éxito la vida no analizada. Como remeros, avanzamos al mismo tiempo que miramos hacia atrás; pero sólo cuando realmente veamos el pasado, cuando lo entendamos, podremos en realidad avanzar y ascender.

Uno anda con ropa prestada hasta que se gane la vida. Los líderes, cualquiera que sea su campo, están hechos tanto de sus experiencias como de sus habilidades, como todo el mundo; pero, a diferencia de todo el mundo, utilizan su experiencia en vez de ser utilizados por ella.

Cito otra vez a William James: "Genio significa un poco más que la facultad de percibir en una forma no habitual". Cuando llegamos a la edad adulta, ya somos gobernados tanto por el hábito como por cualquier otra cosa, y hay en nosotros infinidad de hábitos. Desde la mujer que se retuerce un mechón de pelo cuando está nerviosa o aburrida hasta el hombre que expresa su inseguridad no diciendo jamás "gracias", todos somos víctimas de los hábitos. Estos no sólo nos dominan sino que nos inhiben y nos ponen en ridículo.

Para librarnos del hábito, para resolver las paradojas, superar los conflictos, ser amos y no siervos de nuestra vida, tenemos que ver y recordar siempre, y luego olvidar. Por eso el verdadero aprendizaje empieza con el desaprendizaje — y por qué hay que desaprender es uno de los temas recurrentes de este libro.

Todo gran inventor o científico ha tenido que desaprender lo que el vulgo tiene por verdades para poder seguir adelante con su trabajo. Por ejemplo, la opinión vulgar decía: "Si Dios hubiera querido que el hombre volara, le habría dado alas". Pero los hermanos Wright no pensaban así y construyeron un avión.

Nadie — ni los padres, ni los maestros, ni los compañeros — le puede enseñar a uno cómo puede ser su propio yo. Por el contrario, por bienintencionados que sean, todos quieren enseñarle a que no sea como es. Como dice el eminente psicólogo de la infancia Jean Piaget: "Cada vez que le enseñamos algo a un niño, le impedimos que lo invente por sí mismo". Yo iría un poco más allá: Cada vez que le enseñamos algo a un niño, en lugar de ayudarle a aprender, lo que hacemos es impedirle que se invente a sí mismo. Por su misma naturaleza, la enseñanza homogeniza sus sujetos y sus objetos. El aprendizaje, por el contrario, libera. Cuanto más sabemos de nosotros mismos y de nuestro mundo, tanto más libres somos para lograr lo que seamos capaces de realizar.

Muchos líderes han tenido problemas en la escuela, sobre todo en sus primeras experiencias escolares. Albert Einstein escribió: "Es un verdadero milagro que los métodos modernos de instrucción no hayan estrangulado del todo la santa curiosidad de averiguar... Es un grave error creer que el gozo de ver e investigar se puede promover por medio de la coacción y el sentido del deber".

Entre los líderes con quienes hablé, la científica y filántropa Mathilde Krim dijo: "En el grado en que está reglamentada, la escuela no me gusta". Y Edward C. Johnson III, jefe ejecutivo de Fidelity Investments, dijo: "Sentarme en una clase no fue nunca mi fuerte, pero siempre he tenido curiosidad por las ideas y los objetos". Johnson conocía instintivamente la diferencia que hay entre enseñar y aprender, entre capacitar y educar.

Obviamente, no podemos suprimir la familia o las escuelas ni prescindir de ellas ni de ninguno de los instrumentos de homogeneidad. Pero sí podemos verlos como son, es decir, como parte de la ecuación, no como la ecuación total.

La ecuación que hoy prevalece es:

$$\text{familia} + \text{escuela} + \text{amigos} = \text{yo}$$

Pero la única ecuación funcional para cualquiera que aspire a ser su propio yo es:

$$\frac{\text{familia} + \text{escuela} + \text{amigos}}{\text{yo}} = \text{el verdadero yo}$$

En esta forma, en vez de ser uno diseñado por su experiencia, se convierte en su propio diseñador. Viene a ser causa y efecto, en lugar de un simple efecto.

*Conciencia de sí mismo = autoconocimiento = autoposesión = autodominio = autoexpresión.**

Uno hace suya su vida entendiéndola.

---

* Autoexpresión, *self-expression*, "expresión de nuestros pensamientos o sentimientos por medio de la pintura, la literatura, etc.": definición del Oxford American Dictionary *(N. del Ed.)*.

4
Hay que conocer el mundo

"Me he preocupado mucho por su educación, sí señor; lo dejé vagar por las calles cuando era muy chico, y que se las arreglara como pudiera. Es la única manera de hacer que un muchacho se vuelva listo, sí señor".

Charles Dickens
Pickwick Papers

Uno de los problemas de los cursos corrientes de liderazgo es que se concentran exclusivamente en habilidades y producen gerentes más bien que líderes, si es que algo producen. Desde luego, habilidades gerenciales se pueden enseñar y son útiles para un líder; pero los ingredientes del liderazgo no se pueden enseñar. Tienen que aprenderse. Como dice Robert Dockson, jefe ejecutivo de CalFed: "Las cosas que importan no se pueden enseñar en el ambiente formal de una clase. Walter Wriston, de Citicorp, y A. P. Giannini, del Bank of America no eran técnicos; eran hombres de visión; sabían lo que querían hacer y a dónde querían llevar sus compañías". Como cada líder es único por definición, lo que aprende y la forma en que lo utiliza para moldear el futuro es también exclusivo de él.

Como lo indiqué en el capítulo anterior, los líderes se forman al menos tanto por sus experiencias y por entenderlas y aplicarlas, como por sus habilidades. Norman Lear me contó una experiencia que tuvo cuando sirvió en la Fuerza Aérea acantonada en Italia: "Recuerdo que derribé a un tipo — le di antes de que alguien me diera a mí, en un bar en Foggia, Italia. Era un soldado que había hecho un chiste antisemita. Y yo escribí un episodio para mi programa «All in the Family» con ese tema. Mike golpea a otro que estaba violando a alguien en el metro y se asusta de su propia violencia. Y yo también me asusté en la misma forma. Supongo que habrá liderazgo en eso, pero no sé de dónde viene, como no sea de ese primitivo sentimiento de cómo sobreponerme a este problema de pertenecer a una minoría que muchos no quieren".

Es claro que para ser un verdadero líder uno tiene que conocer el mundo tan bien como se conoce a sí mismo. Diversos estudios, lo mismo que la vida de los líderes con quienes hablé, demuestran que ciertas experiencias son especialmente significativas para aprender. Entre éstas se cuentan una amplia educación continua, familias sui géneris, viajes extensos o exilio, una rica vida privada y asociaciones clave con mentores y grupos.

Hablaré sobre los beneficios de tales experiencias, pero antes voy a examinar algunas ideas sobre el aprendizaje mismo.

En 1972 el Club de Roma inició un estudio del aprendizaje, empezando por fijar los límites externos que, según sus propias palabras, "reducen nuestras posibilidades de crecimiento material en un planeta finito", y termina con una defensa de "los márgenes interiores libres... que existen en nosotros y están llenos de potencia de desarrollo sin paralelo".

El informe del Club se publicó en 1979 con el título: *Aprendizaje sin límites: Cerrando el vacío humano,* por James W. Botkin, Mahdi Elmandjra y Mircea Malitza. En el prólogo, Aurelio Peccei dice: "Todo lo que necesitamos en este punto de la evolución humana es aprender qué se necesita para aprender lo que debemos aprender — y aprenderlo". Los autores definen "el vacío humano" como "la distancia que hay entre la creciente complejidad y nuestra capacidad de hacerle frente... La llamamos un vacío humano porque es una dicotomía entre una creciente complejidad creada por nosotros mismos y el desarrollo retardado de nuestras capacidades propias".

Los autores describen las dos modalidades principales de aprendizaje convencional:

- El aprendizaje de mantenimiento, el más común, que es

"adquisición de puntos de vista, métodos y reglas fijos para entenderse con situaciones conocidas y repetidas... Es el tipo de aprendizaje destinado a mantener un sistema existente o una forma de vida estable".

- El aprendizaje de choque, casi igualmente común hoy, es el que ocurre cuando los acontecimientos abruman a la gente. Los autores explican: "Aun hoy en día la humanidad sigue esperando sucesos o crisis que catalicen o impongan este aprendizaje primitivo por choque... El aprendizaje de choque se puede ver como producto del elitismo, la tecnocracia y el autoritarismo. Muchas veces sigue a un período de exceso de confianza en soluciones creadas únicamente con pericia o competencia técnica y perpetuadas más allá de las condiciones para las cuales fueron apropiadas".

En otros términos, tanto el aprendizaje de mantenimiento como el de choque son menos aprender que aceptar los puntos de vista convencionales. La sociedad o la familia de uno o la escuela dicen que así es como son las cosas y que éstas son las cosas que uno necesita saber, y uno acepta lo que se le dice como si fuera el evangelio, olvidando que hay un *yo* que debe ser escuchado.

La industria automovilística de los Estados Unidos prosperó con aprendizaje de mantenimiento hasta que súbitamente se vio en crisis, superada y sobrepasada en ventas por los magos japoneses del automóvil; entonces aprendió por choque que estaba en crisis. Creativamente, Detroit estaba en bancarrota y la amenazaba la ruina, pero en lugar de pensar en la forma de salir de esa situación, siguió durante años siendo víctima del choque, cerrando fábricas, despidiendo a millares de trabajadores, optando por cualquier solución que pareciera buena. Sólo en los últimos dos años ha empezado a recuperarse de las heridas que ella misma se causó, y la clave ha sido lo que el Club de Roma denomina "aprendizaje innovativo".

Los autores señalan: "El patrón convencional de aprendizaje mantenimiento/choque es inadecuado para hacer frente a la complejidad mundial, y si no se frena puede llevar a perder el control de los acontecimientos y a una crisis".

Lo mismo que se aplica a nivel mundial se aplica a nivel personal. Todo el que se fíe del aprendizaje de mantenimiento y choque será sin duda un reactor, más que un actor en su propia vida. Por ejemplo, la mayoría de las familias simplemente se mantienen. Cuando algún miembro muere de repente, el choque es tan profundo que muchas veces la familia se desbarata, por lo menos temporalmente. Todos conocemos maridos y esposas que se afectaron tanto por la muerte de un hijo que terminaron divorciándose. De la misma manera, cualquiera que en los negocios simplemente acepte la opinión vulgar puede llegar a la cima de una organización burocrática, pero nunca utilizará por completo sus talentos personales, y si alguna vez se enfrenta con la vida, sufrirá el choque de aspiraciones fallidas — por lo menos.

De modo que el aprendizaje innovativo tiene que reemplazar al de mantenimiento y choque. Sus componentes principales son:

- Anticipación: Ser activo e imaginativo en vez de pasivo y de seguir los hábitos.
- Aprender escuchando a los demás.
- Participación: Moldear los acontecimientos, en lugar de dejarse moldear por ellos.

Es obvio, pues, que el aprendizaje innovativo requiere que uno tenga confianza en sí mismo, que sea autodirigido en vez de dejarse dirigir por otros, tanto en su vida como en el trabajo. Si usted aprende a anticipar el futuro y a moldear a los acontecimientos en lugar de dejarse moldear por ellos, obtendrá muchos beneficios significativos.

Haciendo lo que los autores del informe del Club de Roma denominan "la transición de adaptación inconsciente a participación consciente", hacemos o nos damos cuenta de nuevas conexiones, generando síntesis útiles, y nuestra comprensión se profundiza.

El director de cine Pollack habló sobre las fuerzas que se oponen al aprendizaje innovativo: "Todo el mundo tiene la capacidad de libre asociación, pero la sociedad tiende a censurar las fantasías activas. Cuando pasamos de cierta edad, dejamos los juegos: «Supongamos que...», y «¿Qué pasaría si...?», y cosas por el estilo. En la cabeza el juego sigue, pero en algún momento nos avergonzamos. Por ejemplo, yo escucho una sinfonía y me imagino que soy el director de orquesta y dirijo como loco; pero, de pronto, me doy cuenta de que soy un hombre hecho y derecho y pienso: ¡Qué vergüenza, si alguien supiera que estoy jugando a ser director de orquesta! Sin embargo, esta especie de vida de fantasía, es la verdadera clave para la resolución de problemas en todos los niveles. Ciertamente, es la herramienta principal del arte, ya se trate de pintura o de danza, de coreografía o de dirigir películas, de escribir guiones o de escribir novelas, o lo que sea". La solución de problemas artísticos es una forma de aprendizaje innovativo.

En el aprendizaje innovativo es preciso no solo reconocer los contextos existentes sino ser capaz de imaginar contextos futuros. La política exterior de los Estados Unidos estuvo distorsionada durante toda una generación porque sus artífices operaban sobre el supuesto falso de que el comunismo era monolítico. Este es un ejemplo clásico de aprendizaje de mantenimiento. La verdad es que hay tantas clases de comunismo como de democracia. El aprendizaje de mantenimiento considera que el comunismo es meramente político, más que social, económico y político. El aprendizaje innovativo ve a través de las semejanzas políticas las diferencias sociales y económicas que dividen a las sociedades comunistas, tales como la Unión Soviética y la China.

El aprendizaje innovativo es una manera de realizar una visión. Shirley Hufstedler habló de mirar adelante: "Uno tiene que ser capaz de visualizar en términos bastante concretos lo que se debe hacer o lo que uno quiere hacer o a dónde quiere ir... Se requiere cierta conceptualización. Es como hacer planes para un viaje: lo primero es resolver a dónde quiere uno ir. Después debe escoger los medios de transporte. Si nadie ha hecho antes el viaje, tal vez uno tenga que inventarlo. Uno debe mantener cierta flexibilidad para organizar a sus acompañantes. Desde el principio tiene que saber cuánto equipaje tendrá que llevar, o cuán libre de peso podrá viajar. Se requiere una combinación de perspectiva histórica, visión y apreciación institucional — cuál es su contextura, cuáles son sus posibilidades".

El aprendizaje de mantenimiento, que practican la mayoría de las organizaciones y las instituciones docentes, busca preservar el *statu quo* y hacer de todos nosotros buenos soldados. Es un monólogo basado en autoridad: jerárquico, exclusivo, aislado.

Siendo limitado y finito, es un cuerpo estático de conocimiento. Exige que nos acomodemos a las cosas tal como son.

El aprendizaje de choque nos mantiene alineados y obedientes, confirmando nuestra incapacidad de dominar los sucesos o de prepararnos para el futuro como individuos, y afirmando la necesidad de autoridad y organización jerárquica para protegernos.

El aprendizaje innovativo es el medio principal de ejercer uno su autonomía, un medio de entender y trabajar en forma positiva dentro del contexto existente. Es un diálogo que empieza por curiosidad, se alimenta de conocimientos y lleva a la comprensión. Es inclusivo, ilimitado e interminable, conocedor y dinámico. Nos permite modificar las cosas.

En suma, tenemos el medio de librarnos de las restricciones del pasado que nos encierran en papeles y actitudes impuestas. Examinando y entendiendo el pasado podemos avanzar hacia el futuro sin que el pasado nos estorbe. *Tenemos libertad de expresarnos, en vez de tratar de probarnos interminablemente.*

De igual manera, mediante el ejercicio del aprendizaje innovativo ya no seguimos la corriente sino que dirigimos nuestra propia vida. No aceptamos las cosas tal como son sino que prevemos las cosas tal como pueden ser. Participamos haciendo que las cosas sucedan.

Moldeamos la vida, en lugar de dejarnos moldear por ella. Esto se confirma una y otra vez.

A principios del decenio de los 60, Victor y Mildred Goertzel se propusieron descubrir qué tenían en común varios centenares de hombres y mujeres de éxito, y publicaron su informe en *Cradles of Eminence.* En su investigación incluyeron desde escritores y actores hasta políticos y hombres de negocios.

Sus resultados son instructivos. Casi todos los investigados eran oriundos de pequeñas poblaciones o aldeas, y en casi todos sus hogares se había cultivado el amor por el estudio, "acompañado generalmente de exuberancia física y persistente esfuerzo hacia una meta". La mitad de los padres estudiados eran tercos en cuestiones controvertibles. Casi la mitad de ellos "estaban sujetos a vicisitudes traumáticas en su negocio o carrera profesional", mientras que una cuarta parte de las madres se describen como "dominantes". La riqueza era mucho más frecuente que la pobreza absoluta. Una cuarta parte de los investigados eran inválidos. Los hogares "estaban excepcionalmente libres de enfermedades mentales que necesitaran hospitalización". En su niñez, a los investigados les había gustado tener profesores particulares, "con mucha frecuencia no les gustaba la escuela secundaria", y a casi todos les gustaban las "universidades de prestigio". Tres cuartas partes "expresaron insatisfacción con las escuelas y los maestros, aunque cuatro quintas partes mostraban talento excepcional". Finalmente, tres cuartas partes de todos los investigados sufrieron de niños, sea por la pobreza, por un hogar deshecho, por tener padres difíciles, por altibajos económicos, por incapacidad física o por disgusto de los padres a causa de los fracasos escolares de los hijos o de la carrera que eligieron.

Los Goertzels incluyen una afirmación de T. H. Huxley que resume la necesidad de analizar uno su pasado y sobreponerse a él, como ya lo he expresado en páginas anteriores. Huxley dice: "Siéntese ante los hechos como un niño, preparado para abandonar toda idea preconcebida, siga humildemente a cualquier abismo a donde la naturaleza lo lleve, o de lo contrario no aprenderá nada".

Ya no hay nada que uno pueda hacer en cuanto a su vida pasada, como no sea entenderla; pero, en cambio, sí podemos hacer todo en cuanto al resto de la vida. John Gardner dijo: "La maduración de todo talento complejo exige una feliz combinación de motivación, carácter y oportunidad. La mayoría de los talentos se quedan sin desarrollar".

Infortunadamente, las universidades no son los mejores lugares para aprender. Muchas de ellas son más bien escuelas vocacionales de alta categoría que instituciones de educación superior. Están preparando muchedumbres de especialistas miopes que pueden ser magos para ganar dinero pero que, como personas, están sin terminar. A estos especialistas les han enseñado cómo hacer, pero no han aprendido cómo ser. En lugar de estudiar filosofía, historia y literatura — que son la experiencia de toda la humanidad — estudian programación de computadores u ordenadores. ¿Y qué pueden programar para que resuelvan los computadores, a menos que se hayan entendido antes con las cuestiones primordiales?

Marty Kaplan, ejecutivo de Disney, dice: "Pasamos nuestros primeros años haciéndoles a nuestros padres las grandes preguntas: ¿De dónde vine yo? ¿Por qué se murió el abuelito? ¿A dónde se fue? y ¿Quién es Dios? Los niños son como esponjas para estas cosas. ¿Y de qué hablan hasta altas horas de la noche los estudiantes de pregrado sino de eso mismo? ¿Qué estoy haciendo con mi vida? ¿Quién soy yo? y todos esos interrogantes que estimulamos en una confrontación de artes liberales con el abismo. Yo creo que esto está en el fondo de nuestra idea de lo que son los valores occidentales, la confrontación con el abismo, y algunas personas llaman al abismo la muerte en un sentido biológico medio despreocupado, mientras que otras tienen un concepto mucho más metafísico de la nada, pero yo creo que todo comienza en la niñez, y o bien lo dejamos florecer o lo reprimimos, pero siempre está allí, y siempre estará".

El poeta Richard Wilbur escribió: "La ceremonia jamás ocultó, / salvo al ojo tonto que todo lo permite, / hasta qué punto somos nosotros el bosque en que vagamos". Necesitamos vagar por todos los bosques disponibles y así empezar a entendernos y entender nuestro mundo.

Hace poco nuestra falta de cultura literaria se expuso en dos libros de gran éxito: *The Closing of the American Mind*, por Allan Bloom, y *Cultural Literacy: What Every American Needs to Know*, por E. D. Hirsch, Jr. Un examen nacional de historia y literatura que se les hizo a 7 800 estudiantes de segundo año de escuela secundaria comprobó la tesis de estos dos autores. El promedio de calificaciones anduvo entre 50 y 59, es decir, no aprobaron el examen, según el informe *Qué saben nuestros jóvenes de diecisiete años* publicado por Diane Ravitch y Chester E. Finn, Jr.

Dicen ellos:

> *Tal vez el indicador más obvio de cuánto se orientan hoy hacia los procedimientos nuestras escuelas es el papel dominante que desempeña la Prueba de Aptitud Escolar. Por encima de nuestro panorama educativo flota este examen que, en su componente verbal, evita cuidadosamente evaluar conocimientos sustantivos... Que los examinandos hayan estudiado o no la Guerra Civil, o sepan qué es la Carta Magna, o hayan leído*

> Macbeth, *son cuestiones a las cuales esa prueba es deliberadamente indiferente.*

De modo, pues, que lo que nuestras escuelas están enseñando en la actualidad — o por lo menos lo que incluyen en los exámenes — tiene cada vez menos que ver con lo que tradicionalmente hemos considerado educación, y más que ver con las cosas prácticas. Un estudio que llevó a cabo la Fundación Carnegie mostró que una cantidad cada vez mayor de jóvenes estudiantes eligen campos que prometen ser instantáneamente remunerativos, como negocios, ingeniería, ciencia de computadores y programas de salud.

A pesar de esta tendencia, Lynne Cheney, presidenta de la Fundación Nacional para las Humanidades, escribió en *Newsweek* que muchas de las personas de mayor éxito en el país tenían una formación de artes liberales, incluso el presidente Reagan y la mayoría de su gabinete, el 38 por ciento de todos los jefes ejecutivos de diversas compañías, y nueve de los trece más altos ejecutivos de la IBM. Según Lynne Cheney, un estudio de la AT&T mostró que los graduados en ciencias sociales y humanas pasan más rápidamente que los ingenieros a formar parte de los mandos medios y "por lo menos van a la par con los graduados en negocios e ingeniería para llegar a los más altos niveles administrativos". Termina diciendo: "Los estudiantes que al elegir su especialidad siguen lo que el corazón les dicta, acaban trabajando en lo que aman. Son ellos los que dedicarán más horas y harán el esfuerzo intenso que se requiere para triunfar. Y son ellos los que encontrarán el sentimiento de propósito que acompaña casi toda felicidad humana".

Roger Smith, presidente de la junta directiva y jefe ejecutivo de la General Motors, está de acuerdo. En *Educating Managers* dice:

> *El arte de la administración empieza por tener visión, cualidad que nunca ha sido tan crucial como hoy... La competitividad — y para algunas compañías la supervivencia misma — depende de la capacidad del gerente para visualizar nuevas cosas (lo mismo que nuevas maneras de hacer las cosas viejas), de extrapolar sobre la base de l· que dio buen resultado*

en el pasado, organizar y reorganizar operaciones... e imaginar cómo y por qué clase de intervención se podría modificar el curso de los acontecimientos... Cuando a los estudiantes los capacitan para reconocer elementos que se repiten y temas comunes en el arte, la literatura, la física y la historia, están aprendiendo acerca de la creatividad que conduce a soluciones visionarias para los problemas de los negocios... Los que se han ejercitado en las artes liberales estarán en capacidad de entender, funcionar y contribuir a la organización empresarial flexible que tantos negocios quisieran poder adoptar ... Aprenden a tolerar la ambigüedad y a poner en orden la confusión aparente. Integridad intelectual es lo primero, y los procesos de razonamiento son tan importantes como las conclusiones a que llevan... Tienen la capacidad de pensamiento lateral y el hábito mental de clasificar y correlacionar que provienen de haber aprendido, entre otras cosas, las muchas maneras distintas de ver las obras literarias, los sistemas sociales, los procesos químicos o los idiomas... Todos los atributos de la excelencia dependen de las habilidades de comunicación y de la sensibilidad hacia los demás... Todo lo que hacemos depende de la feliz transferencia de significado de un grupo a otro.

La CBS, Inc. también está de acuerdo. En 1984 se fundó el Consejo Corporativo sobre Artes Liberales, que representa a doce importantes compañías, con una dotación de 750 000 dólares de CBS, en asociación con la Academia Americana de Artes y Ciencias. El propósito del Consejo, según su presidente, Frank Stanton, ex presidente de CBS, es "reforzar la conciencia de una educación en artes liberales — penetración, percepción, investigación crítica e imaginación — y entender la relación que hay entre el aprendizaje de las humanidades y el liderazgo en el mundo de los negocios".

Esa relación es muy real y muy fuerte. Sin embargo, eso no significa que si uno estudió administración de empresas o informática haya perdido su tiempo. Una de las cosas maravillosas de la vida es que cualquier vacío en la educación se puede subsanar, cualquiera que sea la edad que uno tenga o su situación, leyendo y reflexionando sobre lo leído.

Llenando los vacíos

El autor Ray Bradbury, dándoles consejos a los gerentes sobre la forma de alimentar la creatividad, inicia su receta con esto:

> *Vamos a ver: ¿Cuándo fue la última vez que usted corrió a una biblioteca y se llevó a su casa más libros de los que podía leer, como un rimero de hogazas de pan, cálidas en los brazos, en espera de hincarles el diente? ¿O cuándo fue la última vez que abrió un libro, se lo puso delante de las narices y lo olió con fruición? ¡Cielos! El olor de pan fresco. ¿Cuándo fue la última vez que usted descubrió una vieja y estupenda librería y se pasó allí las horas muertas, a solas, encontrándose a sí mismo en los anaqueles, sin lista, sin prioridades intelectuales, simplemente al azar, sacudiendo el polvo, sacando, como un augur, los libros-palomas de los estantes para leerles las entrañas y, por no amarlos, volviéndolos a su sitio, o, por amarlos, llevándoselos a casa? Perderse en el tiempo es hallar uno sus raíces.*

Si prefiere usted un estudio más formal, muchos colegios y universidades ofrecen cursos de literatura, filosofía e historia. Para que el lector sepa que yo a veces practico lo que predico, le cuento que este verano me fui a Cambridge con dos de mis hijos para tomar clases juntos. Para mí elegí Charles Dickens y la Inglaterra victoriana. Mi hija Kate estudió las comedias de Shakespeare y mi hijo Will optó por Darwin y la ciencia moderna. Permanecimos en un piso de Trinity Hall, en Trinity College, y pasamos tres semanas maravillosas metidos en los libros.

El procurador general auxiliar de Boston, Jamie Raskin, dice que no hay que dejar que la ambición se le atraviese a uno en el camino de su desarrollo intelectual: "«La ambición es la muerte del pensamiento», como dijo Wittgenstein. Muchos amigos míos son tan ambiciosos como yo, pero reprimen todo pensamiento que pueda ser subversivo o peligroso para su ambición. La vida intelectual de uno es, en realidad, la capacidad de ver cómo pueden ser distintas las cosas, pero las grandes instituciones de la sociedad, públicas o privadas, quieren que todos sigan una línea determinada en muchas formas: personal, política, ideológica; y es claro que así se puede salir adelante. Yo creo que la única manera de evitar que la ambición le mate a uno su vida intelectual es no tener miedo de perder, o de decir algo que a los demás les pueda parecer equivocado o loco, algo que la institución todavía no está preparada para escuchar. Si quiere un consejo específico, aprenda lectura rápida. La gente dice que no le queda tiempo para leer. Yo digo: Cuando tenga duda, léalo. Yo puedo leer un libro en un par de horas".

Barbara Corday, ejecutiva de CBS, dice refiriéndose a la educación: "Si hablara con jóvenes ejecutivos, les recomendaría que se olvidaran de sus grados de máster en administración de empresas. Muchos líderes jóvenes se precian demasiado de sus títulos universitarios y olvidan que la mayor parte de los líderes de los Estados Unidos de los últimos 150 años no tenían un título de máster ni un Ph.D. Yo apenas pasé por la escuela secundaria, y no he tenido ni un día más de educación formal. No es que me enorgullezca de eso, pero tampoco me avergüenza. En mi industria, muy pocos tienen formación académica comparable a lo que están haciendo actualmente. Una educación en humanidades es probablemente lo mejor en mi negocio, y me parece que eso sí lo tengo, aunque no tenga diploma para exhibir. Muchos jóvenes con quienes he tenido que ver en los últimos cinco años tenían toda clase de títulos, pero carecían de las dotes de personalidad, habilidades teatrales, entusiasmo y otras cualidades infantiles que se requieren en el mundo del espectáculo, y eso me entristece... Las personas que van al teatro, leen libros. conocen a los clásicos, las que tienen la mente abierta y gozan de esas experiencias, tienen más probabilidades de triunfar en este negocio que otras que sólo tengan su máster en finanzas".

Charles Handy, uno de los principales líderes de los negocios en Inglaterra, está de acuerdo con ella. Me dijo que la lección principal que aprendió en la Escuela Sloan de Administración fue que no necesitaba asistir a la escuela.

En cambio, James E. Burke, ex jefe ejecutivo de Johnson & Johnson, aprendió mucho estudiando para obtener el máster en administración. "Fui a esa escuela", dice refiriéndose a la Escuela de Administración de Empresas de Harvard "con un equipo de valores que había adquirido, como dice la gente que se deben adquirir, de la familia y la Iglesia, etc. Era joven y no tenía mucha seguridad de triunfar en los negocios con mi sistema de valores. Estaba confundido... Tenía la idea, como la tienen muchos en este país — salida yo no sé de dónde — de que en los negocios había algo, no inmoral propiamente, pero sí que para tener éxito había que andar por caminos un poco dudosos. La escuela de administración fue un gran alivio porque allí me enseñaron que lo que yo creía no era cierto. El camino para triunfar es la honradez".

La educación de Renn Zaphiropoulos, fundador de Versatec, empezó en casa: "Me criaron en Egipto padres griegos. Mi padre era un capitán de mar, piloto en el canal de Suez; no tenía grado universitario, pero había estado en todas partes y leía muchísimo. Solía decirme: «Tu casa es tu universidad». Era un poeta. Los domingos en lugar de ir a la iglesia, todos escuchábamos música clásica. El consejo que me daba era que no hiciera jamás ninguna cosa simplemente porque los demás la hacían sino porque a mí me pareciera correcta. Fui buen estudiante; no de los mejores de la clase, pero bueno. Los que sacaban las notas más altas no parecían pasar de ahí. Yo tenía muchos otros intereses. Estudié pintura, compuse música, hice algunos trabajos en madera, escribí versos... Es fácil aprender marketing, ingeniería, lo que sea. Más difícil es aprender a optimizar uno su desempeño y el de sus subalternos. Es vital tener una comprensión adecuada de los principios elementales de la conducta humana para desempeñarse como óptimos supervisores y directores".

John Sculley, lo mismo que Jim Burke, cree en la educación formal y sacó el grado de máster en administración de empresas. Se retiró de Pepsico, donde había hecho una brillante carrera, porque Steve Jobs, fundador de Apple, lo puso a pensar preguntándole si realmente quería pasarse el resto de la vida vendiendo agua azucarada. Sculley, que hoy es jefe ejecutivo de Apple, ve genuinos y valiosos vínculos entre la educación y los negocios: "Las personas a quienes me acerco son soñadoras. No deseo vivir sino cerca de una gran universidad porque me gusta tener acceso a las bibliotecas, a los académicos. Las nuevas industrias por lo general crecen en torno a las grandes comunidades universitarias, lo cual quiere decir que los líderes potenciales se están formando en un ambiente muy distinto del tradicional y estrecho. Este no es un fenómeno de alta tecnología. La cuestión no es cuántos científicos de computadores usan computadores, sino cuántos artistas los usan".

Don Ritchey resume así el asunto: "La educación ayuda a producir habilidades conceptuales. La mayor parte de las personas no aprenden tales habilidades sin ayuda de algo de educación. Yo no sé si las humanidades serán mejores que una educación de negocios, pero me parece que la universidad le enseña a uno a pensar y a analizar los problemas, a ver las cosas globalmente y de qué manera se pueden relacionar. Yo creo que las personas que tengan una educación equiparable a su experiencia práctica son la mejor combinación".

En la Escuela Hebrea un maestro le dijo a Roger Gould: "Nos podrán quitar nuestras joyas, nuestros automóviles, nuestras pieles y nuestras casas, pero jamás nos podrán robar la educación". Por su parte, Gould dice: "La capacidad de aprender siempre está presente. La oposición inherente a aprender es variable. Todo el mundo lleva en sí ciertas autodefensas. Su rigidez y su influencia son centrales". Gould mismo no tiene tales defensas, y dice: "Cuando leo algo, lo absorbo, lo pulverizo, lo corto en pedacitos, lo uso aquí y allí; así que cuando termino de usarlo ya no existe en su forma original".

Así es como debe ser el aprendizaje: activo, apasionado y personal. Lo que uno lee debe ser grano para su propio molino; debe apropiárselo. Una última palabra de Frances Hesselbein: "Si hay algo en que realmente creo, es el gozo de aprender, y aprender todos los días".

La experiencia instructiva

Viajar es otra forma de aprender. Todos los lugares comunes que se han dicho al respecto son ciertos. Viajar es revelador. Le modifica a uno su perspectiva inmediatamente porque le exige reacciones nuevas y distintas. En otros países las cosas se hacen de manera diferente. La gente es más tranquila o tiene más vivacidad. Sus ritos varían. En París, muchas tiendas se cierran del todo en agosto. En España, se duerme una buena siesta después del almuerzo, y la cena es muy tarde. El idioma se convierte súbitamente en una barrera. La transacción más sencilla se puede complicar. Una amiga me contó que hace poco fue de Londres a París, y se preocupó tanto por reorganizar sus procesos mentales para calcular en francos en lugar de libras esterlinas que se confundió por completo: "Durante veinticuatro horas no pude hablar ni inglés ni francés. Entré en un estanco y pedí *quatorze* paquetes de Kents. El dependiente se quedó mirándome como si estuviera loca. La gente compra uno o dos o hasta diez paquetes de cigarrillos, pero no catorce. Desde luego, lo que yo quería era cuatro paquetes".

Hasta qué punto los viajes le dilatan a uno la mente depende, por lo menos en parte, de cuánto se entrega uno a esa experiencia. Los que se sumergen en una cultura diferente sin duda aprovechan más que los que van a París a comer hamburguesas estadounidenses. Por otra parte, no es lo mismo sumergirse en una cultura diferente que "hacer el nativo". No se puede decir que visitar Les Deux Magots y ponerse una boina sea una gran experiencia de aprendizaje. Si uno pierde la perspectiva de sí mismo y sus raíces, solamente se ha puesto el disfraz de otra cultura. Es preciso conservar el sentido de diferencia.

Henry Thoreau escribió que uno ve el mundo más claramente si lo mira desde un ángulo. En un país extraño uno lo ve todo desde un ángulo. Thorsten Veblen dijo que muchos judíos habían desarrollado inteligencia aguda por ser exiliados perpetuos. El forastero en tierra extraña ve más y lo ve fresco. Estar sobre la marcha no sólo exige el despliegue total del *yo* sino que pone a prueba sus puntos fuertes y sus puntos débiles, y pone de manifiesto nuevos puntos fuertes y débiles. Los dos más refinados padres de nuestra patria, Thomas Jefferson y Benjamin Franklin, fueron incansables viajeros, y ambos pasaron mucho tiempo en Europa.

Alfred Gottschalk aprendió temprano la lección del forastero: "Vine a los Estados Unidos como refugiado. No tenía identidad, o sólo tenía una identidad negativa. Yo era judío; era alemán. Mi ropa era cómica. No hablaba el idioma del país y era pobre . . . financieramente. Pero me gradué en la Escuela Secundaria para Varones, de Brooklyn, con promedio de 92, y jugué al fútbol. Muy pronto me independicé".

Así como los líderes han sido tradicionalmente viajeros,

también tradicionalmente han tenido una rica vida privada. Han sido pintores aficionados, poetas, hasta *chefs*, y siempre han dedicado tiempo a la reflexión. Joseph Campbell, la primera autoridad mundial en mitología, le dijo en una entrevista a Bill Moyers poco antes de morir: "Uno debe disponer de una habitación, o determinada hora del día, en que uno no sepa qué contienen los periódicos esa mañana, ni quiénes son sus amigos, ni qué les debe a otros ni qué le deben a uno. Es un lugar donde uno pueda simplemente experimentar y poner de manifiesto lo que uno es y lo que podría ser. Es el lugar de la incubación creativa. Al principio, uno puede encontrar que allí no ocurre nada; pero si uno dispone de tal lugar sagrado y lo usa, con el tiempo algo sucederá".

Ya sea que elija un retiro diario o un año sabático formal, como el que acaba de pasar John Sculley, uno tiene acceso a su alma, a su imaginación, y puede reflexionar de verdad en su experiencia, y aprender de ella, y salir fresco y renovado.

Amigos y mentores

Así como necesitamos estos períodos regulares de pausa, también necesitamos participar activamente, necesitamos mentores y amigos y grupos de almas afines. No sé de ningún líder en ningún campo que no haya tenido por lo menos un mentor: un maestro que vio en él algo de que él mismo no se había dado cuenta, un padre, un socio mayor que le mostró la manera de ser, o, en algunos casos, de no ser, o que le exigió más de lo que él se creía capaz de dar.

Cuando le preguntaron que quién lo había inspirado, Jamie Raskin dijo: "Las personas a quienes más he admirado han sido aquéllas a quienes he conocido personalmente, o de quienes tengo conocimiento histórico, que han tenido la capacidad de ver cómo se relacionan cosas que, aparentemente, no tienen ninguna relación entre sí. Una de ellas fue Martin Luther King. Unas palabras suyas que leí siendo niño me afectaron profundamente. Decía él que toda la vida está correlacionada, que toda la humanidad es parte de un mismo proceso, y en el grado en que yo le haga daño a mi hermano, en ese mismo grado me hago daño a mí mismo. En gran parte el liderazgo se funda en la capacidad de ver cómo toda la humanidad está vinculada entre sí, cómo todas las partes de la sociedad están relacionadas, y cómo las cosas se mueven en la misma dirección. Mi padre también tiene esta cualidad. Puede establecer ese tipo de relaciones y ver la humanidad en todos... Mi padre me enseñó a pensar y mi madre a escribir".

La aviadora Brooke Knapp dice: "Yo aprendí mi sentido de calidad y rendimiento de mi abuela, que era la matriarca de la familia. Fue ella la que me exigió que terminara mis estudios universitarios".

El rector universitario Alfred Gottschalk aprendió de muchas fuentes distintas: "De mi madre aprendí a cocinar y a coser y a limpiar, y durante los veranos trabajé de mesero en un restaurante de los Catskills. Mi padre murió cuando yo tenía dieciséis años, de modo que desde temprano tuve que aprender a tener valor... Entre mis mentores habría que contar a mi padre, a mi madre, a mi rabino y a mi entrenador de fútbol. El equipo de fútbol se componía de irlandeses, negros, italianos y polacos, y ellos eran mi familia. Allí fue donde, en cierto modo, me convertí en un estadounidense y aprendí que nunca hay que darse por vencido".

Roger Gould encontró sus mentores en la universidad, y cuenta: "Yo tenía cuarenta primos, y entre todos ellos fui el único que pasó por la universidad. Los demás eran ricos y no le concedían ninguna importancia a la educación. Apreciaban la astucia, el ingenio callejero, pero nunca la educación. De modo que me vi frente a una pantalla en blanco... sin el menor preconcepto ni restricción. Me inspiraron mucho los clásicos. Fueron ellos mi transición a otra vida, mi propia clandestinidad privada, que yo podía apreciar solo sin hablar de ella con nadie. Mi primer semestre en la universidad fue como si alguien hubiera abierto una gran dulcería de ideas que estaban a la mano para el que las quisiera tomar. Un profesor de filosofía se convirtió de inmediato en mi padre intelectual. Decidí entonces hacerme filósofo y para eso tenía que saberlo todo".

Para Robert Dockson, presidente de CalFed, sus principales mentores y modelos estuvieron enteramente en los libros. "Mis mentores fueron personas sobre las cuales leía, como el explorador Richard Byrd, más bien que individuos a quienes yo conocía. Byrd me inspiró enormemente. Yo no envidio a nadie, y no he tratado de emular con nadie... fuera del campo de golf".

Los amigos proporcionan inspiración y estímulo, y aun más. Anne Bryant, directora de la Asociación Americana de Mujeres Universitarias, me dijo: "Los amigos son vitales. Uno aprende de ellos porque le dicen la verdad".

La colaboradora literaria de Barbara Corday fue también su mejor amiga: "Barbara Avedon y yo teníamos una sociedad magnífica", dice. "Mi hija decía que nos ganábamos la vida riéndonos, porque siempre que llamaba por teléfono a la oficina nos estábamos riendo. Durante ocho o nueve años fuimos no sólo colaboradoras y socias sino grandes amigas. Juntas criamos a nuestros hijos, juntas nos íbamos de vacaciones, y nuestras dos familias eran muy unidas. Acertó a ocurrir esto durante los primeros tiempos del movimiento feminista, época muy interesante, a mi modo de ver, para pasarla juntas. Ambas nos divorciamos y nos volvimos a casar, y las dos nos acompañamos en las tareas del hogar. Realmente lo pasamos muy bien. Y yo encantada".

Sabiendo todo esto, se comprende que la sociedad Corday-Avedon produjera la serie de TV "Cagney y Lacey", que tuvo tanto éxito y duró mucho tiempo en el aire. Las protagonistas eran dos mujeres policías, grandes amigas a la vez que socias. La serie fue la primera de éxito que presentó a dos mujeres camaradas, y también la primera comedia policiaca que le concedió tanta importancia a la vida personal de las protagonistas como al trabajo de ellas.

John Sculley ha encontrado en su propio campo inspiración y amistad en Alan Kay, uno de los magos de la era de la electrónica y genio intelectual de Atari. "Alan Kay es un poco mi líder espiritual", dice Sculley. "No parece un líder ni se viste como un líder, pero si uno cree en el poder de las ideas, él es una fuente inagotable, un individuo maravillosamente inventivo, capaz de pasearse por todo el panorama intelectual que comprende muchas disciplinas". Kay, el mago de los computadores, es una especie de encantador Merlín para Sculley, que haría el papel del rey Arturo.

Grupos o reuniones de amigos o asociados a veces sólo apoyan y estimulan a sus miembros, como ocurre con los antiguos condiscípulos, camaradas de armas, colegas en los negocios. Pero a veces hacen historia como fue el caso del "trust de cerebros" de Franklin Roosevelt, el estado mayor de Eisenhower, la "Mafia Irlandesa" de John Kennedy, los escritores de Bloomsbury y los diseñadores de la Bauhaus.

J. Robert Oppenheimer, Jr., dirigió lo que se ha llamado el club más exclusivo del mundo en Los Alamos, Nuevo México, en los primeros años de la Segunda Guerra Mundial. Refiriéndose a los científicos congregados allí para desarrollar la bomba atómica, Oppenheimer dijo: "Eran una notable comunidad, inspirada por un elevado sentido de misión, del deber y del destino, coherente, dedicada y notablemente altruista, consagrada a un propósito común".

El director ejecutivo de Johnson & Johnson, Jim Burke, me habló de un grupo muy distinto pero no menos notable: "Mis seis mejores amigos se hicieron íntimos en la Escuela de Administración de Empresas de Harvard. Yo creo tener más amigos íntimos que la mayoría de las personas, y los hice casi todos allí. Esa amistad resultó de nuestros ideales comunes. También teníamos en común la voluntad de trabajar con ahínco, y a todos nos entusiasmaba la oportunidad de hacer algo en la vida. Al mismo tiempo, siempre nos hemos divertido. Vamos a esquiar, nos mantenemos en contacto. Algunos de ellos son Tom Murphy, presidente de la junta directiva de Capitol Cities y ABC; Jack Muller, presidente de General Housewares; Jack Davis, que dirige a Resorts International; Frank Myers, quien se acaba de jubilar como presidente de la División de Productos de Bristol-Myers; Peter McColloch, presidente de la junta directiva de Xerox; Bob Baldwin, que tenía su propio negocio. Nuestras vidas están entrelazadas. En efecto, tenemos un sistema de valores en común y vemos el mundo con idéntico criterio. Encima de todo, nos divertimos de lo lindo".

Aprendiendo de la adversidad

El estudio, los viajes, las personas, el trabajo, el juego, la reflexión son todos fuentes de conocimientos y comprensión; pero también lo son, curiosamente, los errores. John Cleese, quien además de sus memorables comedias de cine, escribe y produce en colaboración con Monty Python películas igualmente memorables para capacitación en las empresas, dice: "Es evidente que si no podemos correr el riesgo de decir o hacer alguna cosa errónea, nuestra creatividad desaparece... La esencia de la creatividad no está en la posesión de algún talento especial, sino más bien en la habilidad para jugar".

Y agrega: "En las empresas donde no se permiten los errores, se dan dos tipos de conducta contraproducente: La primera: Como los errores son «malos», cuando los cometen los de arriba, el feedback proveniente de ellos se pasa por alto o se interpreta selectivamente, a fin de que esas personas de arriba puedan fingir que no se ha cometido ningún error. De modo que no se corrige. La segunda: Si los cometen los de abajo en la organización, los errores se esconden".

Los líderes con quienes conversé están muy lejos de creer que los errores sean "malos". No sólo creen en la necesidad de cometerlos sino que los ven prácticamente como sinónimos de crecimiento y progreso.

Don Ritchey, ex ejecutivo de Lucky Stores, dice: "Aunque uno sea por naturaleza muy analítico, tiene que estar dispuesto a tomar algunas decisiones sin tener absoluta certeza. Sencillamente, no tiene uno el tiempo ni los recursos necesarios, aun suponiendo que fuera posible obtener hasta la última pieza de información que le permitiría actuar con toda seguridad. Hay que obtener el ochenta o el ochenta y cinco por ciento de la información y tomar la mejor decisión posible, y luego pasar a otra cosa. Eso significa que, de vez en cuando, uno se equivocará, pero también generará un impulso y un ritmo que son emocionantes".

Como Barbara Corday, los líderes no ven los "fracasos" como errores. Cuenta ella: "Mi proyecto favorito, una serie de TV titulada «El sueño americano», tenía muchas cosas que decir; había sido brillantemente preparado, bien escrito y bien representado, y bellamente producido. Era según la crítica un éxito; pero, por alguna razón, el público resolvió no verlo y sólo duró cinco o seis episodios. No sirvió, pero yo no lo veo como un fracaso, ni como un error. Los errores tampoco son fracasos, y yo no les doy mucha importancia. Está bien equivocarse, siempre que uno se equivoque de buena fe y que en ese momento esté haciendo lo mejor que puede... Yo no tengo miedo de equivocarme y decir luego: «Ah, eso fue un error». Ensayemos una cosa distinta. Me parece que esta actitud se gana a la gente. Claro que yo no cometo errores a propósito para ganarme a los demás; pero cuando los cometo, los reconozco. También soy capaz de decir: «Su idea es mejor que la mía; ensayémosla». Yo no pretendo ser más lista que todos. Si contrato a una persona para una tarea, la dejo que la lleve a cabo".

Jim Burke llega incluso a fomentar las equivocaciones en Johnson & Johnson, diciendo: "Llegué a la conclusión de que lo que necesitábamos por encima de todo era un clima que estimulara a la gente a correr riesgos .. Empecé con la premisa de que éramos capaces de alcanzar cualquier cosa que nos propusiéramos, siempre que a las personas que me rodeaban se les permitiera hacer lo que querían hacer. Viendo las cosas retrospectivamente, era un poco ingenuo de mi parte creer que cualquiera puede hacer cualquier cosa. Por otra parte, pienso que muchos de mis éxitos dependieron de ello. Si uno cree que el crecimiento proviene de correr riesgos, que sin arriesgar no se puede crecer, entonces al guiar a la gente hacia el crecimiento es indispensable hacer que tome decisiones, y que se equivoque".

Burke pasó a relatar una experiencia que tuvo con una equivocación: "Una vez desarrollé un producto que resultó un fiasco total. El general Johnson me hizo llamar a su oficina, y yo estaba seguro de que me iba a despedir. Ese día, cuando me llamó su secretaria, yo había llegado un poco tarde; él siempre llegaba temprano. Recuerdo que cuando me dirigía a su oficina no estaba muy preocupado, sino más bien agitado. Johnson me dijo: «Entiendo que ha perdido usted más de un millón de dólares». Yo no recuerdo la cifra exacta; en ese tiempo era enorme; le contesté: «Así es, sí señor». El se levantó de su asiento y me dijo: «Solamente quería felicitarlo. Todos los negocios consisten en tomar decisiones, y si uno no las toma, no tendrá fracasos. A mí lo que más trabajo me cuesta es hacer que la gente tome decisiones. Si usted vuelve a tomar la misma decisión equivocada otra vez, lo echo de la compañía. Pero confío en que los errores que cometa en adelante serán distintos, y que comprenderá que va a haber más fracasos que éxitos»".

Sydney Pollack dijo: "Cuando trabajo con actores inexpertos, trato de convencerlos de que no es posible cometer un error. Les digo que la única manera de cometerlo es esforzándose por no cometerlo, pues eso produce tensión, y la tensión los bloquea siempre... Existe una inmensa timidez que impide confiar en el impulso. Uno gasta una increíble cantidad de tiempo en la vida tratando de asegurarse de antemano de que hasta el más pequeño acto será impresionante, o por lo menos aceptable y no tonto. Un actor verdaderamente bueno tiene que ser capaz de hacerse enormemente el tonto. De otro modo no se realiza ninguna obra original". Confiar en el impulso siempre conduce al crecimiento, aunque a veces mediante errores. En ocasiones confiar en el impulso lleva directamente a la brillantez. A ese tipo de impulso —el impulso bendito— volveremos en el capítulo siguiente.

Horace B. Deets, director ejecutivo de la Asociación Americana de Jubilados, se mostró igualmente enfático en cuanto a la necesidad de establecer una cultura tolerante: "Trato de fomentar, tanto como sea posible, una actitud abierta y opiniones contrarias. Es importante estimular las disidencias y aceptar el error".

Shirley Hufstedler resumió el asunto diciendo: "Si uno no ha fracasado es porque no se ha esforzado mucho".

En todo hay lecciones, y si uno se ha desplegado bien, las aprenderá. Las experiencias no son realmente nuestras hasta que pensemos en ellas, las analicemos, las examinemos, las cuestionemos, reflexionemos y, por fin, las entendamos. Lo importante, repitámoslo, es utilizar las experiencias y no que ellas nos utilicen, ser el diseñador y no el diseño, de modo que las experiencias nos capaciten en lugar de aprisionarnos.

Larry Wilson, un empresario que se describe a sí mismo como "un gallo de pelea", tuvo de niño una experiencia crítica: "Aprendí lo que es el riesgo cuando tenía siete años. Nos acabábamos de mudar de Minneapolis a Little Rock y yo era el más pequeño de la clase, en la cual había niños y niñas. Hasta los pupitres eran más grandes. Lo peor era que yo era un mal corredor y tenía acento norteño. Todos estos factores se combinaban para ponerme en peligro todos los días a mediodía. Todos los días se repetía la Guerra Civil en el patio de la escuela y yo era el que perdía siempre. Sufrí mucho.

"Un día vino el párroco a darnos la clase de catecismo, y yo de pronto salté enfrente de la clase como Lawrence Welk, tratando de dirigir a los alumnos para cantar en coro «La hermana ama al padre». Hay que ser católico para comprender la enormidad de mi pecado. En cuestión de segundos pasé de paria a héroe de la clase. Tuve que intensificar mis actividades para mantener esa posición, pero aun así, nadie me seguía. Se quedaban ahí sentados con la boca abierta. Me metí en grandes líos con la maestra (la monja) pero el beneficio fue increíble. Aprendí entonces que el riesgo bien vale la pena correrlo, a cambio del increíble beneficio".

Así nació un empresario de una experiencia dolorosa en un aula de una escuela parroquial de Little Rock, que podría haber aplastado a un ser humano menos resuelto, podría haberlo hecho retirar para siempre del escenario si lo hubiera asimilado de otra manera. Wilson agrega: "Para la mayoría de los empresarios, y ciertamente para mí, el impulso primordial es la visión. Uno se siente apasionadamente obligado a convertirla en realidad. Yo creo que una visión dominante combinada con una habilidad única para manejar el riesgo es la magia de los empresarios de éxito. Es como si uno ya hubiera manejado el riesgo por anticipado en la mente, de modo que puede aventurarse a ir a donde los demás no se atreven, porque ya ha dado el salto para ganar".

Los líderes aprenden, pues, de la experiencia. Aprender de la experiencia significa:

- Mirar retrospectivamente la infancia y la adolescencia y utilizar lo que le ocurrió entonces para poder hacer uno que las cosas sucedan ahora, de modo que uno sea el amo de su vida en vez de sirviente de ella.
- Buscar conscientemente en la actualidad experiencias que lo mejoren a uno y le amplíen la mente.
- Correr riesgos como cuestión de rutina, sabiendo que el fracaso es tan vital como inevitable.
- Ver el futuro — el de uno y el del mundo — como una oportunidad para hacer todas las cosas que uno no ha hecho y las cosas que es necesario hacer, más bien que como una prueba.

¿Cómo aprovecha uno la oportunidad? En primer lugar, hay que valerse de los instintos para sentirla, y luego seguir el "impulso bendito" que surge. "Actuar por instinto" es el terreno a donde nos conduce el capítulo siguiente.

5

Actuar por instinto

Dos cosas me parecían bastante claras; la primera, que para ser piloto [en el río Mississippi] uno tenía que aprender más de lo que se le debía permitir a un hombre saber; y la otra era que tenía que volverlo a aprender todo desde el principio en una forma distinta cada 24 horas.

Mark Twain
Life on the Mississippi

Nunca fue sencilla la vida, y cada día se vuelve más compleja, pese a lo cual insistimos en reducirla a dimensiones minúsculas. Los partidarios de la sencillez ven la realidad como mecánica, estática, segmentada y racional, cuando en verdad es orgánica, dinámica, entera y ambigua. Ven las relaciones como lineales, en secuencia y en serie, discontinuas, singulares e independientes, cuando lo cierto es que son paralelas y simultáneas, conectadas, oscuras, múltiples e interdependientes. Los partidarios de la sencillez son deterministas que creen en la relación causa-efecto, cuando lo cierto es que la regla es la probabilidad, y lo inevitable casi nunca sucede. Usan sombreros cuadrados cuando debieran usar sombreros mejicanos.

Sin embargo, para que nadie se deje abrumar por la complejidad, me gustaría ofrecerles este pensamiento de Carl Sagan en *The Dragons of Eden:*

> *Podemos imaginar un universo en que las leyes de la naturaleza sean inmensamente más complejas. Pero no vivimos en semejante universo. ¿Por qué no? Yo creo que puede ser porque todos los organismos que percibían su universo como muy*

complejo han muerto. Nuestros antepasados arbóreos a quienes les costaba trabajo computar sus trayectorias cuando braceaban de un árbol a otro no dejaron mucha descendencia.

Quizá el Universo no sea *muy* complejo, pero sí es complejo. Y como lo he observado antes, las leyes sociales son más complejas y menos seguras que las naturales. Pero, a pesar de la complejidad, no nos podemos quedar quietos; tenemos que seguir saltando de un árbol a otro, aunque los árboles sean ideas y hayamos de valernos de axones en vez de brazos para hacer las conexiones. Aquí nos convendría aceptar el consejo de Alfred North Whitehead: "Busca la sencillez; luego, desconfía de ella".

La teoría mecanicista fue la que produjo el hombre al servicio de la organización; y, como ya lo he anotado, es éste, irónicamente, el que ha causado tantos problemas en nuestras organizaciones. El individuo, operando al máximo de sus facultades creadoras y morales, será el que reviva esas organizaciones reinventándose a sí mismo y reinventándolas a ellas.

La vida organizacional de los Estados Unidos es una cultura del hemisferio izquierdo del cerebro, lo que quiere decir mecánica, lógica, analítica, técnica, controlada, conservadora y administrativa. Nosotros, en cuanto somos sus productos, estamos dominados y formados por esas mismas características. Nuestra cultura necesita más cualidades del hemisferio derecho, necesita ser más intuitiva, conceptual, sintetizadora y artística. Y, por supuesto, nosotros también. Cuando hablé con las personas a quienes entrevisté para este libro, me impresionó una y otra vez que, cualquiera que fuera su ocupación, todas se fiaban tanto de sus habilidades intuitivas y conceptuales como de sus talentos lógicos y analíticos. Estas son personas de cerebro completo, capaces de utilizar ambos hemisferios del cerebro.

En una compañía, los gerentes sirven como hemisferio izquierdo y el personal de investigación y desarrollo como hemisferio derecho, pero el jefe ejecutivo tiene que combinar las dos cosas, tiene que tener dotes administrativas e imaginativas. Una de las razones para que sean tan pocos los ejecutivos de corporaciones que han logrado dar con éxito el salto de gerentes capaces a líderes, es que la cultura corporativa, lo mismo que la sociedad globalmente, reconoce y recompensa realizaciones del hemisferio izquierdo, pero menosprecia las del hemisferio derecho. Pensar siempre en lo inmediatamente práctico es manifestación del dominio del hemisferio izquierdo. Los hábitos nacen en el hemisferio izquierdo y se deshacen en el derecho.

Anne Bryant, la directora ejecutiva de la Asociación Americana de Mujeres Universitarias, se vale de lo que llama un "ejercicio de globo de aire caliente" para estimular a su personal a pensar en forma imaginativa. "Hago elevar a todo el mundo en un globo imaginario; desde allá arriba uno puede ver panorámicamente toda la entidad. Entonces examina lo que ve, las personas a quienes ve, lo que están haciendo ellas y qué otras cosas podrían hacer. Se imagina uno, por ejemplo, qué sucedería si se invirtieran 500 000 dólares en investigación sobre desarrollo infantil o qué se podría hacer con el problema de las adolescentes embarazadas".

Reconociendo el constante dilema de las organizaciones y la tensión que hay entre los hábitos del hemisferio izquierdo y visiones del derecho, Richard Schubert, presidente de la Cruz Roja de los Estados Unidos, me dijo: "Yo me veo constantemente dividido entre la necesidad evidente de sostener las estructuras existentes y la necesidad no menos evidente de cambiarlas".

Frances Hesselbein, directora ejecutiva de las Girl Scouts, prevé el cambio social y cómo se debe preparar su organización para hacerle frente: "En el año 2000 la tercera parte de la población de los Estados Unidos pertenecerá a grupos minoritarios; de modo, pues, que las necesidades de las niñas están cambiando, y estamos explorando diversas maneras de satisfacer esas necesidades y de prestar nuestros servicios. Voy a crear un centro de innovación. No es un lugar. Es gente y es un concepto. El equipo trabajará directamente con los Consejos de Girl Scouts para desarrollar modelos que nos permitan llegar a comunidades sumamente distintas e identificar y preparar líderes locales, cuya importancia va a ser cada día mayor".

Bryant, Schubert y Hesselbein con criterio de cerebro completo proceden a sacar a sus organizaciones sin ánimo de lucro de las pautas tradicionales para llevarlas a modalidades innovadoras. Los tres ya se habían distinguido antes en el sector privado y cambiaron de profesión en la edad madura. Y los tres dicen que nunca habían hecho cosa alguna que les diera tanto placer como su trabajo actual. Schubert lo dice en pocas palabras: "Esto es lo más emocionante y exigente que he hecho en mi vida".

La científica Mathilde Krim, que también se pasó hace poco del sector privado al público, dijo: "El crecimiento exige curiosidad para experimentar tanto la diferencia como la sincronía, para explorar un nuevo ambiente y sumergirse en él, para poder contemplar uno sus experiencias y sacar algo de ellas".

Pensar con todo el cerebro incluye aprender a confiar en lo que Emerson llamó el "impulso bendito", la corazonada, la visión que le muestra a uno en un destello lo que se debe hacer, exactamente. Todos tenemos estas visiones. Los líderes confían en ellas.

Debo recordar aquí algo que me dijo Norman Lear con respecto a la profunda influencia que ejerció en su desarrollo como líder el ensayo de Emerson titulado *Confianza en sí mismo*: "Emerson habla de escuchar la voz interior y seguirla, a pesar de todas las voces que digan lo contrario. No sé cuándo empecé a entender que había algo divino en esa voz interior — ciertamente, no fue en la escuela secundaria, ni en la universidad, ni siquiera en mi primera juventud —, pero en algún momento lo comprendí. ¿Cómo es posible que, como escritor que soy, me acueste mil veces teniendo en la cabeza un problema que no he podido resolver para un segundo acto, y despierto con la solución? Es alguna voz interior. Seguirla (y confieso que no siempre la he seguido) es lo más puro y lo más verdadero que tenemos. Cuando dejamos de lado nuestros propios pensamientos y opiniones, éstos acaban por volver a nosotros en boca de otras personas. Regresan con una majestad ajena... De modo que la lección es creer en ellos. *Cuando he sido más eficiente es cuando he escuchado la voz interior*".

Seguir el "impulso bendito", me parece, es un elemento básico del liderazgo. Así es como se convierten en realidad las visiones que guían. Pero en mis conversaciones surgió también repetidas veces la necesidad de otras cualidades del hemisferio derecho.

La autora y líder feminista Gloria Steinem dijo refiriéndose al empresario: "Ayuda ser un pensador no lineal. Y se requiere cierta cantidad de persuasión, lo cual quiere decir empatía...

Siempre me ha parecido que los empresarios somos los artistas del mundo de los negocios porque unimos cosas que no se habían unido en el pasado". Al hablar del éxito, empleó un lenguaje parecido: "Para mí, el modelo del progreso no es lineal. El éxito es completar uno el círculo total de sí mismo".

Herb Alpert describe su modo de trabajar en esta forma: "Yo soy un animal de hemisferio cerebral derecho. No soy un hombre de negocios en el sentido tradicional del término. Disparo mucho con perdigones y confío en mis reacciones instintivas. Cuando siento tensos los hombros, sé que algo anda mal. Uso mi cuerpo como barómetro... Trato de escuchar como una esponja cuando alguien me toca un son. Trato de olvidarme totalmente de mis preconceptos. Más que todo, quiero escuchar el sentido".

Confiar en el instinto ha hecho de Alpert un distinguido artista de grabaciones y un buen hombre de negocios. Su socio Gil Friesen dice de él: "Instintivamente sabe qué es lo bueno y lo que se debe hacer. Y tiene la capacidad de alejarse de cuando en cuando y mirar y ver y hacer preguntas. Está forjando su propia carrera dentro del marco de la compañía, que es un escenario ideal. Al tomar decisiones, reinventa su carrera".

Alpert cree que uno debe tener una visión del futuro y, al mismo tiempo, ocuparse del presente. Y cree en la confianza. Refiriéndose a Friesen y a su tercer socio, Jerry Moss, dice: "El verdadero motor de esta compañía es la confianza básica que nos tenemos los tres, y la que los artistas tienen en nosotros. Estos dicen que están más tranquilos y se inspiran más porque nuestra gente aprecia lo que están haciendo. Además, somos una empresa privada e independiente, de modo que podemos actuar con rapidez".

Friesen agregó: "No tiene usted idea de cuán importante es esa palabra *independiente.* Tiene una especie de magia". Luego, sonriendo, prosiguió: "Y jamás nos referimos a nuestras grabaciones o a nuestros artistas como *el producto,* pues eso sería ofensivo".

El presidente de Apple, John Sculley, estimula la diversidad de pareceres entre sus colaboradores y entiende con visión la investigación del mercado. "Uno de los mayores errores que uno puede cometer es formar un equipo que lo refleje a uno mismo.

Encuentro preferible formar un grupo de personas que tengan diversas habilidades, y luego hacer que todas esas habilidades funcionen armónicamente. El verdadero papel del líder es descubrir cómo se hace para que distintas personas y elementos trabajen juntos.

"Muchas veces, la gente no sabe qué es lo que quiere y no lo puede describir hasta que lo ve. Si hubiéramos hecho investigación de mercado para el Macintosh, antes de lanzarlo, y le hubiéramos pedido al público que describiera el computador personal ideal, nos habría sugerido una cosa enteramente distinta. Pero cuando les mostramos a los clientes el Macintosh y les preguntamos: «¿Esto es lo que ustedes quieren?», nos dicen que sí. Uno debe tener la capacidad de hacer que lo abstracto sea reconocible porque sólo entonces puede el público aceptarlo o rechazarlo".

Alfred Gottschalk busca características de hemisferio cerebral derecho cuando contrata personal. "Primero busco carácter, si el individuo puede inspirar confianza. Luego busco imaginación y perseverancia, firmeza de propósito. Por ejemplo, si voy a contratar a un individuo que va a ser interventor jefe de la institución, y veo que en la universidad el álgebra intermedia o el cálculo le dieron trabajo, y a pesar de eso hizo la carrera de tenedor de libros, pienso cuánta imaginación financiera tendrá. Trato de averiguar todo lo que pueda acerca del candidato, y después tomo una decisión, que es en gran parte intuitiva. Tengo que tener la sensación de que ésa es la persona idónea".

Incluso cuando se trata de cosas, no de personas, las características del hemisferio cerebral derecho resultan muy útiles. Mathilde Krim habló de la importancia del instinto en sus primeros trabajos: "Yo siempre tuve buen instinto para los problemas biológicos. No recuerdo haber trabajado nunca en cosas que hayan resultado en nada... Sabía reconocer los cromosomas. Una vez un colega me dijo que había aislado una nueva línea de células de un perro. Eché un vistazo, e inmediatamente vi que eso no era una célula de perro. Me bastó ver los cromosomas para saber que la célula era de rata, y no me equivoqué, como lo comprobamos luego haciendo experimentos celulógicos. En el caso del diagnóstico prenatal, para mí era obvio desde el principio, desde la primera vez que miré las células linfáticas, que existía una diferencia entre células masculinas y células femeninas, así que las estudiamos sistemáticamente. En esa época eso fue una sensación periodística, pero era un trabajo muy sencillo de hacer".

Para Mathilde Krim, que tenía la visión y confiaba en su instinto, era un trabajo muy sencillo de hacer, pero nunca se había hecho antes.

Los líderes con quienes hablé le concedían importancia también a la suerte, pero con un sentido particular, que recuerda el dicho de Vince Lombardi, de que la suerte es una combinación de preparación y oportunidad. Jim Burke, que se describe a sí mismo como "una persona intuitiva, instintiva" con un barniz de lógica, habla así de las posiciones de liderazgo: "Se necesita mucha suerte para que la gente llegue a ellas. Gran parte de lo que ha ocurrido en mi vida ha sido accidental. Usted no estaría aquí hablando conmigo si no hubiera sido por Tylenol. Dio la casualidad de que yo estaba muy bien preparado para ese problema... pero por accidente".

El procurador de Boston, Jamie Raskin, también habló de suerte y preparación. "El consejo general que yo daría con respecto al liderazgo es que uno debe encontrar lo que es más verdadero en uno mismo y perseverar en ello. Pero, en realidad, creo también en el papel de la suerte. Maquiavelo dijo que la fortuna favorece a los audaces. Yo pienso que la mente preparada es lo mismo que la audaz, pero ahí está la fortuna. Napoleón decía que de todas las cualidades que tenían sus oficiales, la que él prefería era la buena suerte. Esta interviene en todas las etapas de la vida de uno".

Sydney Pollack hizo la mejor descripción del liderazgo de hemisferio derecho cuando dijo que éste sale de "una especie de asociación libre controlada. De ahí proviene todo el arte. Hablamos de soñar despiertos, hablamos de inspiración, pero, científicamente, eso es asociación libre. Es la capacidad de estar en contacto con eso. Ahí es donde uno encuentra las ideas. Y luego es la habilidad para confiar en las ideas, una vez que uno las tiene, aun cuando rompan ciertas reglas. Y después es la confianza y el valor de llevar las ideas a la práctica, una vez que uno las halla y confía en ellas. Entonces uno no debe tener miedo de fracasar. De otro modo, no es más que imitación. De otro modo, va uno a la escuela de liderazgo y trata de modular la voz lo mismo que el jefe, y hace decorar la oficina lo mismo que la del jefe, y eso no es verdadero liderazgo. Probablemente el verdadero liderazgo tenga más que ver con reconocer uno su propia individualidad que con identificar sus semejanzas".

Pollack me contó una anécdota que ilustra maravillosamente el "impulso bendito" del líder. "Hace años", me dijo, "hice una película con Barbra Streisand y Robert Redford titulada *The Way We Were*. Barbra hacía el papel de una mujer que ansiaba desesperadamente ser escritora y trabajaba muchísimo para lograrlo, pero nada le resultaba fácil. Redford, en cambio, representaba a un sujeto a quien todo se le facilitaba. Era una especie de príncipe. No tenía aspiraciones literarias, pero era por naturaleza un buen escritor. Ella, con un gran esfuerzo y un trabajo agotador, había escrito un cuento para la clase de literatura. Pero ese día el profesor eligió y leyó el cuento de Redford. Ella quedó anonadada. En la película, debía salir corriendo de la clase, dirigirse a un cesto de basura, romper su cuento y echarlo a la basura sollozando.

"Yo había dispuesto la escena de manera que la cámara estuviera cerca del cesto de la basura y enfocada a un árbol, detrás del cual estaría ella, y cuando yo ordenara «Acción», ella saldría corriendo en dirección a la cámara, derecho hacia nosotros, arrojaría el manuscrito a la basura, y yo enfocaría su rostro cuando se inclinara sobre el cesto llorando. El primer director auxiliar de la película, Howard Koch, Jr., había sido también director auxiliar de otra película de ella, *Up the Sandbox*, y cuando estábamos preparando la escena se acercó a decirme: «¿Sabes? Ella está muy nerviosa». Le pregunté que por qué, y me explicó: «Está muy preocupada porque dice que no puede llorar. En *Up the Sandbox* le costó muchísimo trabajo llorar, y se le ha metido en la cabeza que eso equivale a ser una mala actriz. De modo que está nerviosísima».

"En la industria cinematográfica tenemos un pequeño truco: se ponen unos cristales de amoniaco en un tubo de ensayo con agujeros en el fondo, como un salero, y gasa en la boca del tubo. El maquillador sopla, los vapores de amoniaco salen, se le entran a uno en los ojos y le producen lágrimas. Irrita los ojos y huele espantoso, pero da buen resultado para la película. El maquillador estaba detrás de Barbra. Yo le dije a Howard: «Yo no creo que no pueda llorar. Cualquiera que cante como canta ella, puede llorar. Voy a situarme detrás del árbol. Cuando te haga señas con la mano, rueda la cámara».

"Fui al otro lado del árbol, y encontré a Barbra paseándose. Allí estaba el maquillador con su tubo de ensayo, y le ordené que se fuera. Ella se alarmó y exclamó: «¿A dónde va? Espere, espere. ¿Qué está haciendo?» Yo le dije: «Tranquila, tranquila». Me acerqué, la abracé, y en ese instante empezó a sollozar. Entonces hice la señal convenida, y la cámara empezó a rodar, y Barbra salió de detrás del árbol.

"Yo no le había dicho una sola palabra. No fue que se me ocurriera dirigirla maravillosamente. Pero yo sabía que ella era muy sensitiva, sólo que estaba demasiado tensa para demostrarlo. Todo era pura imaginación, y cuando yo la abracé, algo la conmovió. Algo la hizo relajarse. Y lloró en todo el resto de la película. Podrá usted preguntarme: ¿Cómo se le ocurrió abrazarla? ¿Y por qué sabía que eso le iba a dar resultado? Para serle franco, yo no tenía ni la menor idea de lo que iba a hacer cuando le ordené al maquillador que se alejara. Pero estaba seguro de que Barbra sí podía llorar porque la había visto trabajar con muchísima emoción, sabía que era una mujer emotiva, pero no tenía idea de qué hacer... y entonces me vino ese impulso. ¿De dónde salió el impulso de abrazarla? No sé.

"Ahora bien: ¿Dónde nació el impulso? ¿Durante los pasos que di para llegar al árbol? No lo creo. No creo que el impulso haya tenido lugar hasta que la vi. ¿Qué representa en cuanto a la solución del problema? Representó una solución muy eficaz y rápida en ese momento, probablemente mejor que mucha palabrería, o que recomendarle que pensara en alguna cosa triste que le hubiera ocurrido. Si yo le hubiera dicho: «Mire, yo sé que usted puede hacerlo. Tengo fe en usted», me habría contestado: «¡Déjeme en paz!» Eso solamente le habría hecho aumentar la tensión. Yo creo que lo que ocurrió (y esto es simple conjetura) fue que ella tuvo la sensación de un apoyo sincero, y eso la conmovió. Me parece que ese momento fue una cosa sencilla, emotiva; sintió que alguien estaba realmente de su parte; no fue más".

Estos líderes han demostrado no sólo la necesidad sino la

eficacia de la confianza en sí mismo, la visión, la virtud, el valor y la fe en el impulso bendito. Todo les ha dejado alguna enseñanza, pero han aprendido más de la experiencia, y más aún de la adversidad y de las equivocaciones, y han aprendido a dirigir dirigiendo.

Gracia bajo presión podría ser la divisa de este grupo. Ninguno empezó la vida contando con una ventaja. Algunos la empezaron con verdaderos obstáculos. Todos han subido a la cumbre porque los líderes se hacen, y se hacen por sí mismos. Para citar a Wallace Stevens, han vivido "en el mundo pero fuera de las concepciones existentes en él". Y han hecho mundos nuevos porque todos ellos son originales. Han usado sombreros mejicanos.

Ellos mismos dirían que no le pueden enseñar a uno nada, pero le han mostrado el camino para aprender cuanto necesita saber.

Ningún líder se propuso deliberadamente ser líder. A lo que todos aspiran es a vivir su vida, a expresarse plenamente. Cuando esa expresión es valiosa, se vuelven líderes.

Así que lo importante no es convertirse en líder; lo importante es convertirse uno en uno mismo, utilizarse uno totalmente — utilizar todas sus habilidades, todos sus dones y sus energías — para poner de manifiesto su visión. No se puede suprimir nada. En suma, uno tiene que llegar a ser la persona que se propuso ser, y gozar en el proceso de llegar a esa meta.

Henry James, en medio de una vida que ocupó escribiendo novelas maravillosas, escribió en sus *Notebooks:*

> *¡Sólo tengo que dejarme ir! Así me lo he dicho toda la vida; así me lo decía en los lejanos días de mi fecunda y apasionada juventud. Sin embargo, nunca me he dejado ir del todo. El sentido de ello — la necesidad de ello — se me presenta a veces con fuerza abrumadora: parece ser la fórmula de salvación, de lo que me queda de futuro. Estoy en plena posesión de recursos acumulados; sólo tengo que utilizarlos, insistir, persistir, hacer algo más, hacer mucho más de lo que he hecho. La manera de hacerlo, de afirmarse uno* sur la fin, *es tocar cuantas notas sea posible, profundas, llenas y rápidas. A mi edad, toda la vida la tiene uno — con toda su alma artística*

> *por testigo — como si dijéramos, en el bolsillo. Adelante, joven, golpea recio... Pruébalo todo, haz de todo, sé un artista, distínguete hasta el final.*

James escribió sus principales novelas después de esta exhortación a sí mismo. Así, pues, hay que golpear recio, probarlo todo, hacer de todo y ser la persona que uno es capaz de ser.

6

Dejar surgir el *yo*: Golpee recio; pruébelo todo

Hay un yo, *y lo que a veces he llamado "escuchar las voces del impulso" significa dejar surgir el* yo. *Casi todos, la mayor parte del tiempo (y esto se aplica especialmente a los niños y a los jóvenes) no nos escuchamos a nosotros mismos sino que escuchamos la voz interpuesta de Mamá, o la voz de Papá, o la voz del Establecimiento, de los Mayores, de la autoridad o la tradición.*

Abraham Maslow
Farther Reaches of Human Nature

"Dejar surgir el yo" es la tarea esencial de los líderes. Es la manera de dar el paso desde ser hasta hacer, con el ánimo de expresarse más bien que de probarse. Los medios de expresión de que trata este capítulo se abren unos de otros como los pétalos de una flor.

Supongamos que siendo niño tenía usted que recitar una poesía delante de la clase. Se le olvidó el segundo verso, la maestra lo reprendió, y los condiscípulos se rieron; y desde entonces a usted le corre un sudor frío ante la sola idea de tener que hablar en público.

Le ofrecen un puesto en el cual se requiere hacer constantemente exposiciones ante grupos numerosos. A usted le encantaría ese puesto, pero el miedo de hablar en público lo hace vacilar en aceptarlo. En otros términos, el sentimiento de miedo es superior a su confianza en su capacidad para desempeñarlo, y no lo deja actuar. Tiene tres caminos:

- Dejarse dominar del miedo y perder la oportunidad.
- Tratar de analizar objetivamente sus temores (pero como lo anota el analista Roger Gould, eso probablemente no le producirá ningún cambio de importancia).
- Reflexionar sobre su experiencia original en una forma concreta. Al fin y al cabo, entonces no era usted más que un niño, y esa poesía probablemente no le gustaba, lo cual le dificultaba aprendérsela de memoria. Y lo más importante: aunque lo riñeron y se rieron de usted, el incidente no cambió para nada su vida. Ni sus calificaciones ni sus relaciones con sus condiscípulos se perjudicaron. La verdad es que todos se olvidaron del incidente... menos usted, que se ha aferrado a ese sentimiento todos estos años, sin pensar nunca en él. Ya es hora de pensarlo.

Reflexión y resolución

La reflexión es uno de los principales medios que tienen los líderes de aprender del pasado. Jim Burke me contó: "Cuando yo estudiaba en Holy Cross con los jesuitas, tuve que cursar veintiocho horas de filosofía escolástica, que lo obliga a uno a pensar en una forma lógica, disciplinada. Siempre me ha parecido que eso fue muy importante para mi éxito en los negocios, porque yo era por naturaleza intuitivo e instintivo, de manera que este barniz de lógica me resultaba útil. Me sirvió para pasar por la Escuela de Administración de Empresas de Harvard, que me lo reforzó. Lo que yo he hecho en la vida de los negocios es ver alguna cosa y decir: «Ese es el camino». Luego me recojo y someto el asunto a una lógica rigurosa. Yo me inclino mucho más a llegar emotivamente a una decisión que a utilizar los recursos de la lógica, y la mezcla me ha hecho reflexivo. Por otra parte, siempre me ha parecido que a la sociedad le faltan filósofos. Debiéramos tener personas que dedicaran su vida nada más que a pensar. Tenemos bastantes economistas y todas las ciencias están bien atendidas, pero sólo hay un puñado de pensadores. Tal vez eso me hace reflexivo a mí. Pero yo me considero un activista".

En efecto, lo que hacemos es resultado directo no sólo de qué y cómo pensamos, sino también de qué y cómo sentimos. Roger Gould está de acuerdo: "Qué le parece a uno una cosa es lo que determina su conducta. La mayoría de la gente no procesa sus sentimientos porque pensar es un trabajo difícil. Y el pensamiento abstracto no suele llevar a un cambio de conducta. Lleva a un conflicto con respecto al cambio. Yo aplico dos habilidades analíticas en todo; una es la perspectiva: siempre busco múltiples marcos de referencia; y siempre busco el corazón de un asunto, el meollo".

La reflexión puede ser la forma básica de aprender. Considérense algunas formas de reflexionar: mirar retrospectivamente, pensar en lo pasado, soñar, llevar un diario, comentar un asunto, ver el juego de la semana pasada, pedir opiniones, aislarse... hasta contar chistes. Un chiste puede ser la manera de hacer que una cosa sea comprensible y aceptable.

Freud dice que el objeto del análisis es hacer que lo inconsciente se vuelva consciente. Habla de la importancia de los aniversarios, por ejemplo, el número de hombres que mueren el mismo día que murieron sus padres. El aniversario había permanecido atrapado en el subconsciente, sin pensar nunca en él. La herida que se experimentó ese día nunca se sacó al aire para que sanara. La reflexión es una manera de hacer consciente el aprendizaje: va al fondo del asunto, a la verdad de las cosas. Después de una reflexión adecuada, se conoce el significado del pasado y se aclara la resolución de la experiencia: la línea de conducta que uno debe seguir en consecuencia. A mí me gusta la palabra *resolución*, dicho sea de paso, y la empleo en dos de sus diversos significados: una línea de acción que se ha resuelto, y una explicación o solución. Y *resolución* tiene cierta connotación musical que también me gusta: la progresión de un acorde disonante a uno consonante.

Sobre el tema de la reflexión, Barbara Corday dijo: "Por desgracia, siempre son los fracasos los que hacen reflexionar a la gente sobre sus experiencias. Cuando todo marcha bien, uno no se sienta a pensar en ellas, y ése es precisamente el momento en que debiera hacerlo. Si uno espera hasta que cometa un error gigantesco, pasan dos cosas: La primera: Como uno está apabullado, no saca el máximo de la reflexión; y la segunda: Uno tiende a ver solamente el error, en vez de todas las ocasiones en que ha acertado".

Eso es verdad. Nos moldean más las experiencias negativas que las positivas. Mil cosas le suceden a cualquiera cada semana, pero lo que mejor recordamos son los fiascos, no los triunfos, porque no reflexionamos. Solamente reaccionamos. Athol Fugard dice que su manera de salir de una depresión es empezar cada día pensando en diez cosas que le produzcan placer. Yo encuentro que pensar en las cosas gratas de mi vida es una manera pacífica y positiva de empezar la mañana, y he resuelto proceder así con regularidad. Pensar en los pequeños placeres que lo rodean a uno — el resplandor de la luz del Sol en el mar, las rosas frescas al lado del procesador de palabras, la humeante cafetera que espera al final de un paseo matinal, hasta el gato que pide su desayuno — es una mejor manera de enfrentar un contratiempo que ponerse a pensar en él. Cuando usted esté de malas, piense en las cosas buenas que le esperan. Al soltarse de la garra del contratiempo, ya puede reflexionar sobre él.

En realidad, los errores encierran poderosas enseñanzas... pero sólo con la condición de que pensemos en ellos con calma, veamos en qué nos equivocamos, revisemos mentalmente lo que estamos haciendo, y después actuemos sobre la base de tales revisiones. Cuando un gran bateador pierde por *strikeout* no se pone a lamentarse de su mala suerte; lo que hace es dedicarse a mejorar su postura o su golpe. Y todos los grandes beisbolistas se han visto en ese caso. Babe Ruth no sólo batió todas las marcas de *home runs* sino también de *strikeouts*. Piénsese lo que es un elevado promedio al bate: 0.400, o sea que un gran bateador no acierta a golpear la pelota más de la mitad del tiempo. A casi todos los demás, por el contrario, los errores nos paralizan. Nos obsesionan de tal manera, nos da tanto miedo volver a cometerlos, que no nos atrevemos a hacer nada. Cuando un *jockey* se cae del caballo, se vuelve a montar al momento porque sabe que si no procede así, el miedo lo inmovilizará. Cuando un piloto de F-14 tiene que saltar en paracaídas por una emergencia, vuelve a volar al día siguiente en otro aparato. Los demás mortales no tenemos que hacer frente a situaciones tan peligrosas, pero tenemos que vencer nuestros temores mediante el pensamiento antes de poder actuar otra vez. Primero es la reflexión y luego la acción estratégica. Como lo expresa Roger Gould, la reflexión nos permite procesar nuestros sentimientos, entenderlos, resolver nuestros interrogantes y seguir adelante con nuestro trabajo. Wordsworth definía la poesía como fuerte emoción recordada en calma. Ese es el momento de reflexionar, en calma — y después resolver.

Lo importante es no ser víctimas de nuestros sentimientos, que nuestras emociones sin resolver no nos lleven de acá para allá, que no nos utilice la experiencia sino utilizarla nosotros a ella y aprovecharla en forma creativa. Así como los escritores trasladan la experiencia de su vida a novelas y dramas, todos podemos transformar la nuestra en grano para nuestro molino. Isak Dinesen dijo: "Cualquier pena se puede sobrellevar si la podemos poner en un cuento". La experiencia que uno acumula es la base para el resto de su vida, y esa base es sólida y firme en la medida en que uno haya reflexionado sobre ella, la haya entendido y haya llegado a una solución práctica.

Gloria Steinem, como muchos precursores, tiene la vocación de aventurarse en aguas desconocidas. Su enfoque es directo: "Yo no soy muy reflexiva. Cualquier cosa que sea, la resuelvo actuando o haciendo o diciendo. Es el Oeste Medio que llevo en mí. En el Oeste Medio la introspección está prácticamente prohibida, y en consecuencia yo estoy orientada hacia el futuro, lo cual no es una maravilla puesto que sólo podemos vivir en el presente, no en el futuro... Hay momentos de aprender. Creo que las cosas que ocurren se repiten una y otra vez, y que aprendemos en espiral, no en línea recta. . . Y al fin un buen día ya lo sabemos. Por eso no tengo la sensación de reflexionar o examinar. Más bien digo: ¡Conque así era la cosa! Si uno ha experimentado antes lo dinámico, más o menos lo entiende cuando vuelve a ocurrir. Durante largo tiempo hay una planicie, de pronto un salto hacia adelante, luego otro trecho plano. Yo pienso en esos saltos hacia adelante como momentos de aprender. Pero creo que uno a veces conoce las cosas intelectualmente antes de entenderlas emotivamente. Yo escribí algo sobre mi madre que no puedo leer, porque ahora lo comprendo y me da mucha tristeza".

Como lo dijeron Gloria Steinem y Roger Gould, demasiada intelectualización tiende a paralizarnos. Pero la verdadera reflexión inspira, informa y finalmente exige resolución. Gloria Steinem salta primero y después mira y reflexiona. Este enfoque alocado tiene sus ventajas, pero únicamente si uno es capaz de considerar los errores y los fracasos como una parte básica y vital de la vida. Por desgracia, todos no somos tan sabios ni tan serenos. Los pioneros como Gloria Steinem, los que van derecho al territorio desconocido y marcado sólo con el letrero "Aquí hay tigres", son los que creen tanto en lo que están haciendo que aceptan como gajes del oficio los riesgos inherentes a tales empresas.

Para hacer bien una cosa uno tiene que saber primero qué es lo que está haciendo, y esto sólo se puede saber haciendo el proceso en forma consciente — reflexionando sobre uno mismo, sobre la tarea, y llegando a una resolución.

Como lo he dicho en un capítulo anterior, Erik Erikson ve nuestro desarrollo como una serie de conflictos resueltos, uno para cada etapa de la vida. Afirma, además, que hasta que cada conflicto sea resuelto positivamente, no podemos pasar a la siguiente etapa o conflicto.

Estos conflictos son tan básicos, y resolverlos es tan vital, que yo he llegado a verlos en términos mucho más amplios y en un marco más general que el de Erikson. Estamos expuestos a estos conflictos durante toda la vida, y la forma en que los resolvamos determina cómo viviremos. Yo los reformularía así:

Conflictos	*Resoluciones*
Fe ciega versus desconfianza	ESPERANZA
Independencia versus dependencia	AUTONOMIA
Iniciativa versus imitación	PROPOSITO
Industriosidad versus inferioridad	COMPETENCIA
Identidad versus confusión	INTEGRIDAD
Intimidad versus aislamiento	EMPATIA
Generosidad versus egoísmo	MADUREZ
Ilusión versus decepción	SABIDURIA

El físico Neils Bohr dijo: "Hay dos clases de verdades, las pequeñas y las grandes. Una verdad pequeña se reconoce porque su contrario es una falsedad; pero lo contrario de una gran verdad es otra verdad".

Nuestra vida se compone menos de pequeñas verdades y falsedades que de grandes verdades y de las verdades que son sus contrarios, lo cual explica por qué a veces es tan difícil la resolución de estos conflictos básicos. Casi nunca se trata de elegir entre lo que está bien y lo que está mal. Por ejemplo, la esperanza se sitúa en algún punto entre la fe ciega y la desconfianza, pero también allí se sitúa su contrario, la desesperanza. Y la sabiduría suele seguir a la ilusión, a la decepción y al desencanto.

Una vez que uno haya aprendido a reflexionar sobre sus experiencias hasta que la resolución de los conflictos surja de uno mismo, empieza a desarrollar su propia perspectiva.

Perspectiva

John Sculley se refirió a la necesidad de perspectiva: "Es importante cambiar de perspectiva, tal vez viviendo o viajando mucho por el exterior. Cambiar de posición lo cambia a uno. Si se toman los mismos hechos pero se modifica el punto de vista, todo se ve de otra manera. Una de las cosas en que tienen que ser diestros los líderes es la perspectiva. Los líderes no tienen que inventar necesariamente las ideas pero sí tienen que ser capaces de ponerlas en contexto y añadir perspectiva . . . Lo que yo busco en la gente es la capacidad de transformar su experiencia en ideas y poner esas ideas en contexto".

¿Qué es perspectiva? Las siguientes preguntas deben darle una idea:

1. Cuando usted considera un proyecto nuevo, ¿piensa primero en su costo o en sus beneficios?
2. ¿Coloca en primer lugar las utilidades o el progreso?
3. ¿Prefiere ser rico o ser famoso?
4. Si le ofrecieran un ascenso que le exigiera trasladarse a otra ciudad, ¿comentaría la propuesta con su familia antes de aceptarla?
5. ¿Prefiere ser un pez chico en un estanque grande, o un pez grande en un estanque chico?

Desde luego, no hay respuestas correctas o incorrectas a estas preguntas, pero las respuestas le dirán algo sobre su perspectiva.

Si usted piensa primero en los costos de un proyecto o les concede más importancia a las utilidades que al progreso, entonces su perspectiva es a corto plazo. El que prefiere ser famoso a ser rico es más ambicioso porque (a menos que se trate del negocio de espectáculos) la fama requiere más talento y originalidad que hacer fortuna. Si usted discute un ascenso con su familia antes de aceptarlo, es más humano que ambicioso. Y si prefiere ser un pez grande en un estanque pequeño, quizá le falte empuje (o tal vez esté simplemente de acuerdo con Julio César, de quien se dice que afirmó: "Prefiero ser el primero en una pequeña aldea ibera que segundo en Roma").

Perspectiva no es otra cosa que la manera de ver uno las cosas, su marco particular de referencia. Sin ella, está uno volando a ciegas. Pero también es su punto de vista; y como dijo Marvin Minsky, pionero de la inteligencia artificial, el punto de vista vale 80 puntos del cociente intelectual. Marty Kaplan me dijo: "Yo creo que una de las razones de la fama o notoriedad de este estudio [Disney] es que las personas que lo administran tienen un punto de vista muy fuerte, que se debe agregar, según creo, al liderazgo... Para el mundo exterior, expresamos un rechazo en términos subjetivos: «Francamente, no nos gustó». Pero, dentro de la compañía, una decisión no se ve como una cosa blanda, relativista. Tenemos un punto de vista; y un proyecto o funciona con él o no funciona".

Si uno sabe lo que piensa y lo que quiere, ya lleva una ventaja muy real. En esta era de expertos, en que discutimos lo que debemos comer con nutricionistas, les entregamos a entrenadores el animalito consentido de la familia y llamamos consultores para tomar cualquier decisión importante, tener un punto de vista no sólo es raro sino valioso. Morton Downey, Jr., se hizo rico y famoso casi de la noche a la mañana con los desplantes de sus programas. No es que al público le guste su acto intolerante, rudo, machista (aunque, obviamente, a algunos les gusta); es que aprecia el hecho de que tiene un punto de vista y lo expresa. Quizá no nos guste lo que dice, pero por lo menos dice algo.

Yo no sugiero ni por un momento que usted debe imitar a Downey. Todo lo contrario: con uno tenemos de sobra. Lo que sugiero es que todo el que quiera expresarse plena y sinceramente debe tener un punto de vista. Liderazgo sin perspectiva y sin punto de vista no es liderazgo — y, desde luego, tiene que ser su perspectiva propia. Usted no puede tomar prestado un punto de vista como no puede tomar prestados los ojos de otro: tiene que ser auténtico; y si lo es será original porque usted es un original.

Una vez que usted domine las artes de reflexión, comprensión y resolución, vendrán la perspectiva y el punto de vista. La tarea siguiente es decidir qué va a hacer con todo ello.

Pruebas y medidas

Algunas personas nacen sabiendo lo que quieren hacer y hasta cómo hacerlo; los demás no tenemos tanta suerte; tenemos que dedicar tiempo a pensar qué hacer con nuestra vida. Las metas vagas, como eso de "Yo quiero ser feliz", o "Quiero vivir bien", o "Quiero convertir al mundo en un lugar mejor", o incluso "Quiero ser riquísimo", son casi inútiles. Pero lo son también las metas demasiado específicas, como "Yo quiero ser presidente de la Compañía XYZ", o "Quiero ser físico nuclear", o "Quiero descubrir un remedio para el resfriado común", porque dejan fuera todos los demás valores de la vida.

Jamie Raskin me dijo: "Uno de mis héroes es un profesor de la Escuela de Derecho de Harvard llamado Derek Bell, quien me dijo que es importante no tener aspiraciones o deseos especiales; que es más importante tener aspiraciones sobre la forma en que uno quiere vivir su vida, y entonces todo lo demás se derivará de eso".

¿Qué quiere usted? La mayoría de las personas pasan por la vida, a menudo con mucho éxito, sin haberse hecho jamás esta pregunta básica ni mucho menos haberle dado respuesta.

La respuesta más básica, por supuesto, es que uno quiere expresarse plenamente, pues ésta es la más fundamental aspiración humana. Como dijo un amigo: "Todos queremos aprender a usar nuestra propia voz", y esto ha llevado a algunos a las cumbres y a otros a las profundidades.

¿Cómo puede *usted* expresarse mejor?

La primera prueba es saber qué es lo que quiere, conociendo sus habilidades y sus capacidades, y reconociendo la diferencia que hay entre las dos.

Gloria Anderson dijo: "Siempre me ha parecido que no está bien ser como todo el mundo. Me he creído en el deber de cumplir normas distintas y hacer cosas distintas". El periodismo fue para ella una elección obvia, puesto que los periodistas, por definición, se distinguen de los demás. Como reporteros, relatan la acción sin tomar parte en ella, y como redactores tienen la oportunidad de hablar de lo que creen.

Anne Bryant fue primero elegida por otros. "En la escuela elemental gané premios por actividades de liderazgo", dice, "lo cual siempre me sorprendió. En la escuela secundaria me pedían que yo dirigiera. Yo era la más alta de la clase, y tal vez mi estatura influía; pero yo misma nunca presentaba mi candidatura. Claro que siempre me ha gustado encargarme de una cosa". Y como le gusta "encargarse", no sorprende que haya llegado a ejecutiva y que hoy esté a la cabeza de una organización que tiene 150 000 miembros y posee activos por valor de más de 47 millones de dólares, y en cuyas metas se incluyen promover la igualdad de la mujer, el autodesarrollo y el cambio social positivo.

Betty Friedan fue siempre organizadora. "En el quinto grado teníamos una maestra que no quería a los niños, de modo que yo organicé un club, el Club de los Malvados, y cuando yo daba la señal, todos dejaban caer los libros al suelo y hacían otras cosas que enfurecían a la maestra. La directora me llamó a su oficina y me dijo: «Tienes mucho talento para liderazgo. Debes usarlo para el bien, no para el mal»... Ya adulta, en mi vida profesional soy teóricamente escritora, pero dedico gran parte de mi tiempo a mi actividad política. Organicé tres de las organizaciones clave del movimiento feminista y después me retiré del liderazgo activo".

La segunda prueba es saber qué lo impulsa a uno, sabiendo lo que le produce satisfacción y conociendo la diferencia que hay entre las dos cosas.

Roger Gould dijo: "Recuerdo que todas las noches soñaba que iba a salvar a todo el mundo, no sólo a mí. Tendría entonces unos doce o trece años". Y Gould creció y se convirtió en psicoanalista, que es una especie de salvador laico.

Mathilde Krim necesitaba ser útil: "Pasé tres veranos trabajando en una granja solitaria. Fue horrible, pero me dio un fantástico sentimiento de confianza en mí misma. Pensé que si podía hacer eso, podía hacer cualquier cosa. Hice eso porque en ese momento era lo que debía hacer, y traté de hacer un buen trabajo, pero fue muy duro". Esto fue un buen comienzo para una mujer que después se convirtió en científica, y hoy encabeza la lucha contra el SIDA. "Ahora dedico todo mi tiempo al problema del SIDA", me dijo. "Soy incapaz de hacer otra cosa".

El camino de John Sculley fue un poco más tortuoso, aunque no menos lógico: "He tenido siempre una especie de curiosidad insaciable por las cosas, todas las cosas; durante un tiempo fue la electrónica, luego el arte, después la historia del arte y la arquitectura; toda clase de cosas. Cuando una cosa me interesa. me absorbe totalmente, y siempre se me agota la energía física antes de saciar mi curiosidad. Nunca tuve la intención de ser un hombre de negocios. Eso era lo que estaba más lejos de mi pensamiento. Pensaba que quizá sería inventor o arquitecto o diseñador. Me interesaban las imágenes visuales, y siempre me interesaron las ideas y las manejaba bien, desde cálculo hasta arquitectura". Sería difícil imaginar una preparación mejor para el presidente y jefe ejecutivo de Apple.

De las dos primeras pruebas se desprende que, una vez que uno reconoce que su meta primordial es expresarse plenamente, encontrará los medios de alcanzar sus otras metas, de acuerdo con sus habilidades y sus capacidades, junto con sus intereses y sus tendencias. Por el contrario, si su objetivo principal es probarse a sí mismo, tarde o temprano se verá en dificultades, como le sucedió a Ed, el personaje principal del caso que se vio en el capítulo primero. El que sigue el ejemplo de su padre en la carrera de derecho o de medicina para probarse a sí mismo, o la mujer que resuelve ser corredora de bolsa para demostrar que es capaz de ganar mucho dinero, están jugando un juego de tontos, y casi inevitablemente fracasarán o serán desgraciados.

La tercera prueba es saber uno cuáles son sus valores y sus prioridades, conocer los valores y las prioridades de su organización, y medir la diferencia que hay entre éstas y aquéllos.

Si encontró usted la manera de expresarse plenamente y bien, y está razonablemente contento con su ritmo y su desempeño, pero no le parece que pueda llegar muy lejos en su empleo actual, podría ser que, aunque esté sincronizado consigo mismo, no lo esté con su ambiente — con su socio, con su compañía o con su organización.

Herb Alpert dijo: "Yo hacía grabaciones para una compañía grande y no me gustaba la forma en que me trataban. Era como si me estuvieran pasando por su computador; y me parecía que estaban equivocados... Tuve una inspiración para Tijuana Brass, que implicaba hacer un doblaje de la trompeta, con lo cual estaba experimentando en mi pequeño estudio en el garaje de mi casa. Me dijeron que eso era imposible, que violaba el reglamento del sindicato porque dejaría sin oficio a algunos músicos. Pues bien, creo que no entendieron el problema en absoluto. Desde entonces pensé que cuando yo tuviera mi propia compañía, el artista sería lo más importante en ella y sus necesidades serían lo primero".

Alpert y Jerry Moss fundaron entonces la compañía A&M Records, que se ha distinguido por la excelente manera de tratar a los artistas, aunque Gil Friesen, actual presidente de la compañía y de A&M Films, dice: "A&M goza de cierta reputación por ser muy considerada con los artistas y tener una especie de atmósfera de familia, pero no es una cosa que nos hayamos propuesto hacer deliberadamente. No es calculada. Más bien creo que es resultado de una actitud negativa, de no administrar demasiado".

La decisión de Alpert de fundar su propia compañía para crear el ambiente en que quería trabajar resultó al fin muy sensata, aunque en ese momento parecía radical: hoy, él y A&M son potencias en la industria.

Con el mismo espíritu, Gloria Anderson fundó su propio periódico. Ella dice: "*Miami Today* fue mi primera oportunidad de hacer las cosas a mi manera, y me siento muy orgullosa de ello. Pero cuando me di cuenta de que mi socia no compartía mis ideales ni los compartiría jamás, resolví marcharme y hacer algo por mi cuenta".

Anne Bryant, por el contrario, recomienda andar con más tiento. "Muchas veces uno llega a un puesto nuevo al impulso de una gran energía y, aun cuando no lo había pensado, empieza a enderezar todo lo que se había hecho antes. Esto es muy duro para las personas que hace tiempo trabajan en la organización. Es mejor ponerse uno en su lugar, reconocer las cosas buenas que se habían hecho y reforzarlas, antes de seguir adelante con sus propios planes. Si el personal se siente respaldado y uno hace que sienta que participa en los nuevos planes, quedará encantado".

En otros términos, estar sincronizado con su organización es casi tan importante como estar sincronizado consigo mismo. Algunos líderes son inevitablemente impulsados a formar sus propias organizaciones, mientras que otros, como Anne Bryant, prefieren el camino de la adaptación.

La cuarta prueba es: Habiendo medido usted la diferencia que hay entre lo que quiere y lo que puede, entre lo que lo impulsa y lo que lo satisface, y entre lo que son sus valores propios y los de la organización, ¿es usted capaz de superar estas diferencias y está dispuesto a superarlas?

En el primer caso, las cuestiones son bastante básicas. Casi todos hemos querido, en algún momento de la vida, ser un futbolista de fama mundial, o estrella de cine o cantor de jazz, pero simplemente no teníamos las condiciones necesarias. Y aun cuando he dicho — y lo creo — que uno puede aprender cualquier cosa que se proponga aprender, ciertas ocupaciones exigen dotes que no se aprenden. Conozco a un radiólogo de mucho éxito que siempre soñó con cantar, pero no tiene voz. En vez de abandonar su sueño, escribe canciones. Un aspirante a estrella de rugby que es veloz e inteligente pero sólo pesa 60 kilos, bien podría actuar como entrenador o administrador, u organizar un club de rugby para aficionados con sus amigos y sus compañeros de trabajo.

Si hay algo que usted quiere hacer, cualquier cosa que sea, no debe permitir que el miedo se lo impida. Para muchos líderes el miedo es más bien un motivador que un obstáculo. Brooke Knapp dijo: "Yo empecé a volar porque me producía miedo volar. Si uno da no el noventa por ciento ni el noventa y cinco por ciento sino el ciento por ciento, puede realizar cualquier cosa. La mayor oportunidad de desarrollo está en sobreponernos a las cosas que nos causan miedo". Brooke es hoy una de las aviadoras más distinguidas de los Estados Unidos.

En el segundo caso, la cuestión es más complicada. Todos

conocemos personas que son impulsadas a triunfar, en lo que sea y como sea, que nunca están satisfechas, y a menudo son desgraciadas. Es perfectamente posible triunfar y, al mismo tiempo, estar satisfecho, pero sólo si uno es suficientemente sabio y sincero para reconocer qué es lo que quiere y lo que necesita.

Para el tercer caso, me referiré otra vez al incompetente Ed, que si hubiera pensado más en lo que él quería y su compañía necesitaba, no se habría descarrilado. Pero agotó sus energías probando, no siendo. Algunas culturas corporativas son tan rígidas que les exigen obediencia absoluta a sus orientaciones. Otras son flexibles, ajustables y adaptables. Conociendo usted su propio grado de flexibilidad y el de la organización, sabrá si pertenece a ella o no.

Deseo

Brooke Knapp dijo: "Algunas personas tienen la suerte de nacer con el deseo y la habilidad de hacer algo. Yo siempre he tenido el deseo de realizar. No es calculado. Para mí es tan natural como comer".

El ex jefe ejecutivo de CalFed, Robert Dockson, también fue afortunado. "Yo no creo que dedicación, propósito y sentido de visión se puedan enseñar", dijo. "No sé de dónde vienen".

Si Brooke Knapp tiene razón y el deseo es tan natural como comer, entonces existe en todos nosotros. Y si bien Dockson puede tener razón cuando dice que no se puede enseñar, sí se puede activar. Prácticamente todos nacemos con sed de vida en sí misma, con lo que yo llamo pasión por las promesas de la vida, y esa pasión puede llevarlo a uno a las alturas. Por desgracia, en muchos se convierte en impulso. El empresario Larry Wilson define la *diferencia que hay entre deseo e impulso como la diferencia que hay entre expresarse y probarse uno a sí mismo.* En un mundo que fuera perfecto, todos serían estimulados para expresarse, y a nadie se le exigiría que se probara, pero ni el mundo ni nosotros somos perfectos. Para evitar caer en una trampa, tenemos que comprender que el impulso sólo es sano cuando se casa con el deseo.

El impulso divorciado del deseo es peligroso siempre, a

veces mortal, mientras que cuando se pone al servicio del deseo siempre es productivo, a menudo satisfactorio — en cualquier sentido de la palabra. Brooke Knapp, lo mismo que otros líderes con quienes hablé, tiene esa pasión por las promesas de la vida, y el impulso de realizar su pasión. "Me crié con ocho muchachos de la cuadra", dice, "y yo era más fuerte que todos. Yo era la de la energía, el entusiasmo, el impulso y la determinación; así que era la líder".

Aunque pasó por un período de docilidad, años después su deseo surgió intacto. "Tengo espíritu de empresaria", me dijo. "Veo una ventana de oportunidad y la aprovecho. Jet Airways [aerolínea para ejecutivos que ella fundó] nació casi por casualidad. La desregulación había matado a muchas aerolíneas pequeñas, de modo que a las grandes compañías les estaba costando trabajo llevar su personal a las poblaciones pequeñas. Al mismo tiempo, yo quería comprar un Lear Jet". Su deseo de tener un avión propio y la necesidad de transporte eficiente para ejecutivos se combinaron felizmente. Ella sigue siendo inquieta e inventiva. Además de administrar una cartera de valores de bolsa, tiene intereses en la industria de frutas cítricas de la Florida y en bienes raíces productivos, en Ventura County.

Barbara Corday atribuye su éxito en parte al entusiasmo. "Una corporación o un espectáculo sólo son tan fuertes como el cuidado y entusiasmo que les dediquen las personas que tienen que ver con ellos a diario. Y no creo que se pueda esperar cuidado y entusiasmo de gente a quien uno, como líder, no aprecia ni tiene en cuenta... Yo creo que mi entusiasmo es contagioso. Cuando acometo un proyecto, si me gusta, puedo hacer que les guste a los demás".

Jamie Raskin está de acuerdo en que la pasión es contagiosa. "Si uno persevera en su propósito y hace conocer su convicción, los demás lo siguen. Yo profeso principios radicales. Como dijo Oscar Wilde: "Yo soy de la izquierda, que es el lado del corazón, en oposición a la derecha, que es el lado del hígado".

Gloria Anderson sintetiza: "Llegar a líder no puede ser la meta deliberada de una persona, como tampoco puede ser su meta ser feliz. Ambas cosas tienen que ser un resultado, no una causa".

Maestría

Le pedí a Marty Kaplan que describiera las cualidades del líder y me contestó: "Competencia es lo primero. Un verdadero sentimiento de dominio de la tarea que se va a realizar. Otra es la capacidad de expresarse, porque si un individuo domina perfectamente lo que necesita saber pero no me puede explicar por qué debiera interesarme eso, o por qué yo debiera ayudarle, no puede esperar que yo lo apoye. Otra cosa que a mí me gustaría ver en un líder, aunque no es esencial, es un nivel de sensibilidad humana, tacto, comprensión y diplomacia. He conocido individuos que no tenían ninguna de estas cualidades y, sin embargo, eran líderes; pero los que sí las tenían me impresionaron y me inspiraron más".

Tiene razón. "Un verdadero sentimiento de dominio". El líder no se ha limitado a realizar su vocación o profesión: la domina. Aprende todo cuanto se puede aprender acerca de ella, y luego se le entrega. Por ejemplo, el finado Fred Astaire dominó la coreografía y luego se le entregó. Se identificó tanto con ella que no era posible decir dónde terminaba él y empezaba la danza. El era la danza. Franklin Roosevelt dominó la presidencia; Jimmy Carter fue dominado por ella.

Semejante maestría requiere una concentración absoluta, la entrega total del individuo. Esa cualidad la tenía Fred Astaire, y era lo que captaba nuestra atención antes de que él hiciera cualquier cosa. Martin Luther King, Jr. electrizaba a los Estados Unidos con unas pocas palabras. No sólo *tenía* un ideal: *él era* el ideal; exactamente lo mismo que Lee Iacocca es Chrysler y Peter Rose es los Cincinnati Reds.

Los chinos practican una cosa que ellos llaman *wushu*, y que según Mark Salzman, joven escritor estadounidense que ha vivido en la China, es una manera de alcanzar "forma perfecta y concentración. Los movimientos del individuo se hacen instintivos y expresan una armonía de cuerpo y espíritu que los chinos consideran esencial para la salud espiritual y física. En el *wushu* clásico, el *wushujia* destina la mayor parte de su entrenamiento a practicar *taolu*, o secuencias de pasos de danza... series coreografiadas de movimientos, de uno a veinte minutos de duración, que hay que ejecutar de acuerdo con estrictas reglas estéticas, técnicas y conceptuales... Un hilo no interrumpido de intención debe existir entre los movimientos de un *taolu*, como la línea invisible que atraviesa y conecta las partes separadas de una caligrafía china".

Salzman cita a su instructor, Pan Qingfui, maestro cuyo apodo es Puño de Hierro, quien le explicó: "Los ojos son lo mas importante porque en ellos se puede ver el *yi* [voluntad o intención] de la persona". Agrega Salzman: "En el boxeo chino la fuerza depende del *yi*, así que hay que adiestrar la vista... Hay que practicar *taolu* como si uno tuviera completa confianza en la propia fuerza, como si un solo golpe de la mano bastara para destruir al adversario... Hay que golpearlo con los ojos y con el corazón. Las manos vienen después".

El escritor George Leonard, hablando de la maestría, dice: "A un piloto experimentado le basta observar la forma en que otro piloto sube a su asiento y se abrocha los cinturones de seguridad para saber si es un buen piloto. Hay personas tan obviamente dominantes que lo inspiran a uno con sólo entrar en el recinto. Algunas muestran su maestría con sólo el modo de pararse".

Leonard describe además otros elementos de la maestría: "El camino de la maestría se hace sobre una práctica inexorable, pero también es un lugar de aventura... Ya se trate del deporte, del arte o de cualquier otra actividad, los que llamamos maestros rebosan de entusiasmo sin vergüenza por su profesión... Los que marchan por el camino de la maestría están dispuestos a correr riesgos, a poner en juego la posibilidad de hacer los tontos... El aprendizaje más poderoso es el que más se parece al juego... La palabra *generoso* se deriva de la misma raíz de *genial*, *generativo* y *genio*. El genio tiene la capacidad de darlo todo sin reservarse nada. En efecto, tal vez el genio se pueda definir en términos de esta entrega".

Barbara Corday dice de una especie de autodominio: "En mi negocio, si uno ama algo y quiere realizarlo, puede convencer a los demás para que lo secunden. Estilo personal, fe personal, un inmenso deseo de hacer algo, tenacidad, la capacidad de no darse jamás por vencido aunque todo el mundo diga que no, son cualidades vitales. Yo estoy en un negocio que se ha hecho de rechazos, rechazos diarios. Uno tiene que ser capaz de superar eso, sencillamente uno no debe prestar oídos al rechazo, debe proseguir, estructurar en su psique la capacidad de permanecer fiel a sí mismo y a aquello en que cree. Si usted tuvo una idea buena ayer, esa idea será buena mañana, y el hecho de que no haya podido convencer a nadie de que la acepte no quiere decir que no los pueda convencer mañana".

Maestría, competencia absoluta, es indispensable para el líder. Y también es mucho más divertida que todo lo demás que uno pueda hacer. Jim Burke dijo: "El proceso debe ser divertido, debe ser emocionante y divertido. Si uno no le saca gusto a lo que está haciendo, es que está haciendo lo que no debe; o bien uno está en un ambiente entorpecedor, o bien no está en el sitio que le corresponde".

Roger Gould sencillamente ama lo que hace. "Yo nunca había conocido a un psiquiatra ni sabía qué es lo que hacen esos especialistas, pero me pareció que ésa era la profesión para mí. Me gusta la gente, me gusta hablar con la gente profundizando. Me encanta analizar. Tengo mucho interés en las personas y quiero ayudarles, pero en el fondo de todo hay una gran curiosidad sobre el proceso del pensamiento. Eso es lo que me impulsa".

Pensamiento estratégico

Dice un viejo dicho que "si uno no es el perro delantero, la escena nunca cambia". Apliquemos esa idea y agreguemos que para el líder la escena siempre está cambiando. Todo es nuevo. Como, por definición, un líder es único, sus circunstancias también son únicas.

Cuando le preguntaron a Sydney Pollack que si el liderazgo se puede enseñar, respondió: "Es difícil enseñar cualquier cosa que no se pueda descomponer en elementos repetitivos e invariables. Conducir un automóvil, pilotear un avión, son cosas que se pueden reducir a una serie de maniobras que siempre se ejecutan en la misma forma. Pero en una cosa como el liderazgo, o como el arte, uno vuelve a inventar la rueda cada vez que aplica el principio".

Robert Dockson agregó: "Los líderes no son técnicos".

Se necesita, pues, creatividad para el banquero lo mismo que para el director cinematográfico. El proceso creativo, que es la base del pensamiento estratégico, es infinitamente complejo, y tan inexplicable, al fin y al cabo, como su mecanismo interno; pero en el proceso hay pasos básicos que se pueden identificar. Cuando se reduce algo a su estado más elemental, a su núcleo, se puede generalizar a partir de ahí.

En primer lugar, ya sea que uno esté haciendo planes para escribir una novela o para realizar una reorganización corporativa, tiene que saber a dónde va a llegar. Los montañistas no empiezan a trepar desde el pie de la montaña: primero ponen la mirada en la cima a la cual quieren llegar y luego vuelven al punto de partida. Uno debe proceder como los montañistas, y una vez que tenga a la vista la cumbre, proceder a examinar todas las rutas posibles para llegar allá. Entonces juega con ellas, modificando, relacionando, comparando, invirtiendo e imaginando, para escoger finalmente una o dos rutas.

En segundo lugar, elabora esas rutas, las revisa, hace una especie de mapa de ellas, con los posibles pasos peligrosos y las trampas, lo mismo que las recompensas.

En tercer lugar, examina objetivamente ese mapa, como si no lo hubiera elaborado uno mismo, localiza los puntos débiles, y éstos se eliminan o se cambian.

Finalmente, cuando termina todo esto, inicia el ascenso de la montaña.

Frances Hesselbein y su marido y sus respectivas familias habían sido durante cuatro generaciones parte de Johnstown, Pennsylvania. Tenían un negocio de comunicaciones, y ella trabajaba como voluntaria con las Girl Scouts de la localidad, aunque al mismo tiempo hacía entrenamiento administrativo para consejos de Girl Scouts en todo el país. Le pidieron que se encargara temporalmente de la jefatura del consejo local, y ella aceptó. Seis años después, sin haberlo solicitado, la nombraron directora ejecutiva de toda la organización de Girl Scouts en los Estados Unidos. Se trasladó entonces con su marido a la ciudad de Nueva York y se dedicó a reorganizar las Scouts, aplicando todo lo que había aprendido en su ascenso por la escala.

"Lo primero que hicimos", cuenta ella, "fue desarrollar

un sistema de planificación corporativa, en el cual planificación y administración son una misma cosa. Era un sistema de planificación común para 335 consejos locales y para la organización nacional. Preparamos una monografía corporativa de planificación para movilizar la energía de 600 000 voluntarias adultas a fin de llevar a cabo nuestra misión de ayudar a las niñas a desarrollarse y alcanzar su máximo potencial como mujeres. Hoy nuestras colaboradoras piensan que hemos logrado más unión y cohesión que nunca.

"A mí me parecía que había una necesidad ineludible de tener un sistema claro de planificación que definiera papeles, diferenciando entre voluntarias, personal de operaciones y planificadores de política, un sistema que hiciera posible que llegara hasta los planificadores todo lo que estuviera sucediendo en la más pequeña tropa — necesidades, tendencias, lo que fuera — de manera que ellos tuvieran una idea clara de lo que ocurría y de lo que se necesitaba que ocurriera. Tenemos tres millones de miembros y escuchamos realmente a las niñas y a sus padres, y hemos ideado maneras de llegar hasta todas las niñas, dondequiera que se encuentren. Les decimos: Tenemos una cosa de valor que ofrecerte, pero tú también tienes algo que ofrecernos a nosotros. Respetamos tus ideales y tu cultura, y si abres el manual, aun cuando seas parte de una minoría, de los indios navajos, te encontrarás en él.

"Creo que tenemos el mejor personal del mundo. Todos son maravillosos, y mi deber es continuar abriendo el sistema y aumentándoles su campo de acción. No tolero que se encierre a la gente. Todo el mundo está en un círculo. Es más bien orgánico. Si yo estoy en el centro, entonces hay a mi alrededor siete burbujas, y el círculo siguiente sería de directoras de grupo, luego de directoras de equipo y así sucesivamente. Nada pasa de arriba abajo sino lateralmente. Es tan fluido y flexible que las personas acostumbradas a una jerarquía encuentran un poco difícil amoldarse, pero funciona. Convencemos a los grupos.

"Pero lo mejor del sistema es que toda niña del país puede estudiar el programa y verse retratada en él".

Uno corre riesgos al convertir en realidad los resultados de su pensamiento estratégico; pero, como dice Carlos Castañeda, "la diferencia entre un hombre común y corriente y un guerrero es que el guerrero lo acepta todo como un desafío, mientras que el hombre corriente lo toma todo como una bendición o una maldición".

A menos que uno esté dispuesto a correr el riesgo, sufrirá de inhibiciones paralizadoras y no hará jamás lo que es capaz de hacer. Los errores — tropezones — son necesarios para actualizar la visión, y son pasos necesarios hacia el éxito.

Síntesis

Finalmente, el líder combina todos los medios de expresión a fin de actuar con éxito.

Los niños pequeños son creativos por naturaleza, y lo mismo las personas de edad. El novelista Carlos Fuentes dice: "Yo realmente creo que la juventud es una cosa que uno gana con la edad. De joven uno es más bien viejo y tonto. Los hombres más jóvenes que he conocido en mi vida fueron Luis Buñuel, que hizo sus más grandes películas entre los sesenta y los ochenta años, y Arthur Rubinstein, hombre que se convirtió en genio a los ochenta, siendo capaz de dar una nota levantando el brazo al cielo y dejándolo caer exactamente como lo exigían Beethoven y Chopin. Pablo Picasso pintó sus obras más eróticas y apasionadas ya octogenario. Estos fueron hombres que ganaron su juventud. Tardaron ochenta años en volverse jóvenes".

Yo creo que lo que Fuentes expresa es que en la adolescencia, bajo las presiones sociales, familiares y de los compañeros, perdemos nuestra identidad. Nos perdemos entre la muchedumbre, más conectados a ella y más sensibles a ella que a nosotros mismos, y así perdemos la capacidad de crear, porque la creación es privilegio del individuo, no del comité.

En cambio los líderes, habiendo adquirido dominio de sí mismos, han recuperado desde hace tiempo su facultad creativa y han seguido creciendo. Estamos habituados a pensar en el crecimiento en función de la cantidad: estatura y peso. Cuando el cuerpo deja de crecer, la mente deja de crecer, o eso es lo que creemos; y hay estudios que indican que el desarrollo intelectual y el emocional en realidad parece que se estancan una vez que llegamos a la madurez física; pero los líderes con quienes conversé han demostrado con su propia vida que esto no tiene por qué ser así, y no debe ser así. Los líderes se distinguen de los demás por su constante apetito de conocimientos y experiencias, y, a medida que su mundo se amplía y se vuelve más complejo, sus medios de comprensión también se multiplican y se refinan.

El pensamiento dialéctico, variante del diálogo socrático, es uno de esos medios. Presupone que la realidad es dinámica, más bien que estática, y, por tanto, busca relaciones entre las ideas, apuntando a la síntesis. Podría pensarse en la reflexión y en la perspectiva como dos extremos, entre los cuales la síntesis es el fiel de la balanza.

Frances Hesselbein demuestra la síntesis explicando cómo procede en su trabajo: "En primer lugar, uno tiene que pensar cómo organizar el trabajo, cómo administrar el tiempo, cuáles son sus responsabilidades. En segundo lugar, tiene que aprender a conducir, no a contener. En tercer lugar, debe tener una idea clara de quién es uno, y un sentido de misión, una clara comprensión de ella, y debe estar seguro de que los principios de uno son congruentes con los de la organización. En cuarto lugar, uno tiene que demostrar con su comportamiento todas las cosas que cree que un líder y un seguidor deben hacer. En quinto lugar, uno necesita un gran sentido de libertad y espacio a fin de dejar a los que trabajan con uno en libertad para realizar todo su potencial. Si uno cree en el trabajo en equipo, tiene que tener fe en la gente y en su potencial. Y tiene que exigirle mucho, pero siendo consecuente".

John Sculley ve la síntesis como la diferencia entre administración y liderazgo: "Con frecuencia el liderazgo se confunde con otras cosas, sobre todo con administración; pero la administración exige un conjunto totalmente distinto de habilidades. A mi modo de ver, el liderazgo gira alrededor de visión, ideas, dirección, y tiene más que ver con inspirar a la gente, en cuanto a dirección y metas, que con la ejecución cotidiana... Uno no puede conducir a los demás si no puede generar más que sus propias capacidades... Tiene que ser capaz de inspirar a otros para que hagan las cosas sin imponerles despóticamente una lista de comprobación — lo cual es administración, no liderazgo".

Robert Terry, uno de los ejecutivos del Instituto de Asuntos

Públicos Hubert H. Humphrey, define el liderazgo como "un compromiso fundamental y profundo con el mundo y la condición humana".

Roger Gould demostró ese compromiso cuando dijo: "En cuanto uno tenga una visión que ha puesto a prueba una y otra vez, tiene uno el tigre agarrado de la cola. Casi no puede uno dejar de conducir porque eso significaría ser infiel a su visión de la realidad".

Betty Friedan está de acuerdo; dice: "Cuando yo veo una necesidad, reúno a la gente para hacer algo. Mi versión de la religión es: «Tú eres responsable»".

A pesar de todos sus talentos, estos líderes se ven a sí mismos menos como solistas que como colaboradores.

Robert Dockson dijo: "El líder guía a los demás, no los fuerza, y siempre los trata con equidad. Muchos sostienen que sólo somos responsables con nuestros accionistas. Indudablemente, tenemos con ellos una responsabilidad, pero también la tenemos con nuestros empleados, con nuestros clientes y con la comunidad en general. Falla el sistema de empresa privada si no reconoce su responsabilidad con la comunidad".

El director de la Cruz Roja, Richard Schubert, también cree en mantener buenas relaciones con los demás. "La manera de atraer y motivar a las personas determina el éxito del líder. Sobre todo, se aplica la Regla de Oro. Ya se trate de un empleado, un cliente o un vicepresidente superior, el líder trata a los demás como quisiera que lo trataran a él. El noventa y seis por ciento de nuestro personal en los sitios de desastre es de voluntarios. Si no atraemos gente idónea y la motivamos positivamente, no podemos hacer nada". Este concepto es tan importante que lo voy a ampliar en el capítulo octavo, "Ponga a los demás de su parte".

Los líderes que confían en sus compañeros de trabajo gozan a su vez de la confianza de éstos. Desde luego, la confianza no se puede adquirir, sólo se puede dar. El liderazgo sin mutua confianza es una contradicción. La confianza reside a medio camino entre la fe y la duda. El líder siempre tiene fe en sí mismo, en sus habilidades, en sus trabajadores y en sus respectivas posibilidades; pero también tiene dudas suficientes para cuestionar, investigar, y así progresar. De igual modo, los trabajadores tienen que creer en él, en sí mismos y en su fuerza combinada, y deben sentirse suficientemente seguros para cuestionar, contradecir. investigar y ensayar. Mantener ese equilibrio vital entre fe y duda, preservar esa mutua confianza, es una tarea prioritaria de todo líder.

Visión, inspiración, empatía, capacidad de infundir confianza, son manifestaciones del buen juicio y del carácter de un líder. El rector universitario Alfred Gottschalk dijo: "El carácter es vital en un líder, la base de todo lo demás. Otras cualidades serían la capacidad de inspirar confianza, algo de talento empresarial, perseverancia, firmeza de propósito... Carácter, perseverancia e imaginación son el *sine qua non* del liderazgo".

Un proverbio irlandés viene muy al caso: "Uno tiene que crecer por sí mismo, por alto que sea su abuelo".

Todos estos líderes han construido conscientemente su propia vida y el contexto en que viven y trabajan. Cada uno no es sólo actor sino también dramaturgo, martillo y yunque, y cada uno, a su manera, está alterando el contexto general.

Los medios de expresión son los pasos hacia el liderazgo:

1. La reflexión lleva a la resolución.
2. La resolución lleva a la perspectiva.
3. La perspectiva lleva al punto de vista.
4. El punto de vista lleva a las pruebas y los medios.
5. Las pruebas y los medios llevan al deseo.
6. El deseo lleva a la maestría.
7. La maestría lleva al pensamiento estratégico.
8. El pensamiento estratégico lleva a la autoexpresión plena.
9. La síntesis de la autoexpresión plena = el liderazgo.

El liderazgo es primero ser y después hacer. Todo lo que hace el líder refleja lo que él o ella es. De modo que ése es el capítulo siguiente de nuestro cuento: seguir al líder, "Cómo pasar por el caos".

7

Cómo pasar por el caos

Si usted realmente quiere entender algo, trate de cambiarlo.

Kurt Lewin

Un líder es, por definición, un innovador. Hace cosas que otras personas no han hecho o no hacen. Se adelanta a todos. Hace cosas nuevas y vuelve nuevas las cosas viejas. Habiendo aprendido del pasado, vive en el presente, con un ojo puesto en el futuro. Y cada líder coordina todo de una manera distinta. Para eso, como lo dije antes, los líderes tienen que ser pensadores de hemisferio cerebral derecho e izquierdo a la vez. Tienen que ser intuitivos, conceptuales, sintetizadores y artísticos. Como Wallace Stevens, tienen que usar sombrero mejicano.

A Robert Abboud lo echaron de un alto cargo que desempeñaba en un banco de Chicago. Fue a trabajar con Armand Hammer, y nuevamente lo despidieron. Después se fue a Texas, y allí llegó a ser presidente de First National Bankcorp. Cuando le preguntaron que cómo explicaba ese triunfo después de tantos fracasos, citó un diálogo del programa "The Andy Griffith Show", que lo dice todo: Barney le pregunta a Andy cómo se hace para adquirir buen juicio. Andy le contesta que lo produce la experiencia. ¿Y cómo se adquiere experiencia?, le pregunta Barney. Andy le contesta: "Hay que aguantarse unos cuantos puntapiés". Abboud se encoge de hombros y dice: "A mí me dieron unos cuantos".

Abboud aprendió de la experiencia, no se dejó derrotar por ella porque no se limitó a aceptarla. Reflexionó, la comprendió y la utilizó. Los líderes aprenden haciendo, aprenden donde hay dificultades, donde la tarea no está programada, donde el trabajo se está haciendo por primera vez. ¿Cómo se salva un banco? Se aprende salvándolo. Uno aprende de todas las cosas que ocurren en el oficio. Gran parte de este capítulo parece que tratara el tema de aprender de la adversidad, pero yo no lo veo así. Lo veo como aprender de las sorpresas.

Sydney Pollack me contó cómo aprende de la experiencia: "La primera vez que dirigí algo, actué como un director. Era lo único que sabía hacer porque no tenía ni idea de dirigir. Habiendo trabajado con directores tenía una imagen de ellos, y hasta traté de vestirme como ellos, con ropa un poco deportiva. No llegué hasta ponerme polainas, pero si hubiera habido un megáfono por ahí, habría echado mano de él".

Ahora Pollack crea mundos enteros cada vez que hace una película: el mundo de la pantalla y otro mundo detrás de la cámara. "Para hacer una película reúno un equipo de cien a doscientas personas. Algunos son técnicos, otros artistas, unos son artesanos, otros simplemente obreros. El secreto está, en parte, en no crear situaciones que fomenten la emulación de unos con otros. Y es curioso, pero cuanto más dispuesto esté uno a dejar participar a los demás, menos necesidad tienen ellos de imponerse. La amenaza de verse postergados es lo que exacerba los problemas de amor propio, y produce choques".

He aquí una de las cosas que Pollack ha aprendido y que considera importante: "Las cosas de que se habla en una entrevista sobre liderazgo no son las más difíciles ni las más interesantes sino las más obvias. Ya sabemos que es necesario delegar responsabilidad, estimular a la gente para que tenga iniciativas, estimularla para que corra riesgos. A mí me parece que el aspecto artístico del liderazgo es, en cierto modo, como el arte mismo, puesto que es todo innovación; y, como todos los actos creativos, se deriva de una especie de asociación libre controlada".

Por una parte, aprender a dirigir es aprender a manejar el cambio. Como lo hemos visto, el líder le impone su filosofía a la organización (en el sentido más positivo del término), creando o re-creando su cultura. Luego la organización actúa con base en esa filosofía, lleva a cabo la misión, y la cultura cobra vida propia, y se vuelve más causa que efecto. Pero si el líder no sigue evolucionando, adaptándose y ajustándose al cambio externo, tarde o temprano la organización se estancará.

En otros términos, una de las principales cualidades del líder es la capacidad de utilizar la experiencia para crecer en el puesto. De Theodore Roosevelt decían que era "un payaso" antes de llegar a la presidencia, y de su primo Franklin D. Roosevelt se expresaba despectivamente Walter Lippman llamándolo "un agradable aristócrata rural que quiere ser presidente". A ambos Roosevelts los consideran hoy día como dos de los mejores presidentes de los Estados Unidos. Para los líderes, la prueba del fuego ha estado siempre en la acción.

Jacob Bronowski escribe en *The Ascent of Man:* "Tenemos que entender que el mundo sólo se puede captar mediante la acción, no la contemplación... El impulso más poderoso en el ascenso del hombre es el placer que le produce su propia habilidad. Goza haciendo lo que hace bien, y habiéndolo hecho bien, goza haciéndolo mejor".

El líder lo hace bien, y luego mejor, y después superior, pero nunca está satisfecho. Esquilo dijo que la sabiduría se adquiere mediante el dolor y la reflexión. El líder sabe mejor que nadie que los problemas fundamentales de la vida son insolubles, pero, sin embargo, persevera y sigue aprendiendo.

Los líderes aprenden dirigiendo, y aprenden mejor dirigiendo en medio de obstáculos. Así como las lluvias y los vientos les dan forma a las montañas, los problemas moldean a los líderes. Jefes difíciles, falta de visión y de virtud en las oficinas ejecutivas, circunstancias ajenas a su voluntad, y sus propios errores constituyen su curso de aprendizaje.

Dick Ferry, cofundador de Korn/Ferry, milita en las filas de los que opinan que para aprender a nadar hay que echarse al agua: "No es posible crear líderes. Por ejemplo, ¿cómo le enseña uno a una persona a tomar decisiones? Todo lo que uno puede hacer es desarrollar los talentos que tiene la gente. Yo creo firmemente en la prueba del fuego, en la experiencia práctica. Poner a la gente en las fábricas, en los mercados, enviarla al Japón y a Europa. Capacitarla para hacer su trabajo".

Jim Burke y Horace Deets condensan su pensamiento. Burke dijo: "Cuanta más experiencia tenga uno y cuantas más veces haya sobrevivido a las pruebas, más probabilidades tiene de ser un buen líder". Deets, hablando de su propio trabajo como director ejecutivo de la Asociación Americana de Personas Jubiladas, dijo: "Es un empleo difícil, y yo apostaría a que uno no puede aprender sino por experiencia. No puede aprender en libros. El único laboratorio verdadero es el del liderazgo mismo".

Cuando hablé con Barbara Corday, ella pasaba por un período aleccionador bastante difícil: "Cuando la Tri-Star y la Columbia resolvieron unirse, se encontraron de la noche a la mañana con dos presidentes en sus respectivas divisiones de televisión, y uno de ellos tenía que salir. Me tocó a mí. De esto hace tres meses: el período más largo que he pasado sin trabajar en los últimos veinticinco años. Ha sido una experiencia aleccionadora, un tiempo de verdadero cambio y reflexión, y me parece que ya estoy preparada para saltar otra vez a la palestra... Creo que levantarse por la mañana es más emocionante cuando una persona está nerviosa. Si no está nerviosa, está muerta... Es hora de cambiar de vida o de trabajo cuando ya no temblemos de nerviosidad. Yo he hecho por lo menos cuatro carreras completamente distintas, y muy bien puedo hacer la quinta". Desde luego, Barbara Corday ya no está sin empleo.

Alfred Gottschalk, el rector universitario, también es partidario de aprender de la adversidad. "De niño perdí algunos empleos, y me fue mal en algunos cursos, y aprendí que el mundo no se acabó. La adversidad tiene mucho que ver con el desarrollo de los líderes. O lo pone a uno fuera de combate, o uno se crece y se supera".

Sobre los riesgos del liderazgo Gottschalk dijo: "Hoy es un riesgo ir a la cabeza. Le pueden pegar a uno un tiro por la espalda. O tratan de ponerle zancadilla. Quieren que fracase. En algún momento, todo líder se cae de su pedestal. O lo bajan, o lo matan, o comete algún desatino o simplemente se desgasta".

Según un estudio realizado por los científicos del comportamiento Michael Lombardo y Morgan McCall en el Centro de Liderazgo Creativo, la adversidad es tan aleatoria (y tan corriente) como la buena suerte. Después de entrevistar a cerca de cien altos ejecutivos, encontraron que la buena fortuna era la regla, no la excepción, y que el ascenso de los ejecutivos no seguía ningún orden. Entre los sucesos clave se contaban cambios radicales de oficios y problemas serios, lo mismo que oportunidades afortunadas. Entre los problemas que citan figuran fracaso, degradaciones, ascensos desaprovechados, misiones en el extranjero, comienzo de un negocio totalmente nuevo, fusión de dos compañías, adquisiciones y reorganizaciones, y política burocrática.

Lombardo y McCall llegaron a la conclusión de que la adversidad instruye, que los ejecutivos que triunfan hacen preguntas interminables, que aventajan a sus colegas de menos éxito principalmente porque aprenden más de la experiencia, y que desde temprano en su carrera aprenden a vivir con la ambigüedad.

En 1817 el poeta John Keats les escribió en una carta a sus hermanos que la base de la realización verdadera estaba en "la capacidad negativa... cuando el hombre es capaz de existir en incertidumbres, misterios, dudas, sin ninguna búsqueda airada de hechos y razón". Probablemente no hay mejor definición de un líder contemporáneo que ésa.

John Gardner, fundador de Common Cause, ex secretario de Salud y Educación, y actualmente director de un programa de estudios de liderazgo, cita como los principales obstáculos del liderazgo las crisis progresivas, el tamaño y la complejidad de las organizaciones y las instituciones, la especialización, el actual clima antilíder, y los rigores generales y específicos de la vida pública.

Norman Lear también ve los obstáculos como parte integrante del liderazgo: "Para ser un líder competente, no sólo necesita uno llevar a un grupo de seguidores por el buen camino, sino que necesita tener la capacidad de convencerlos de que pueden vencer cualquier obstáculo que se les presente, ya sea un árbol o un edificio. No se deja derrotar por las barreras que se interpongan para alcanzar su meta. Todos los caminos están llenos de baches y minas, pero la única manera de proseguir es aproximarse a ellos y reconocerlos como lo que son. Uno tiene que ver que sólo se trata de un árbol, o lo que sea, y que no es invencible. Su camino está siempre donde está el tesoro".

Su camino está siempre donde está el tesoro. Eso es aprender de la sorpresa, no menos que de la adversidad. Prácticamente todos los líderes con quienes hablé estaban de acuerdo con esto.

Varios de ellos aprendieron una valiosa lección de jefes difíciles, algunos hasta de jefes malos. La diferencia entre los dos es que un mal jefe le enseña a uno lo que no se debe hacer. El jefe difícil da lecciones más complejas; puede ser una persona desafiante, exigente, intimidadora, arrogante, brusca y veleidosa; pero, al mismo tiempo, puede inspirar, proporcionar una visión y aun ocasionalmente interesarse por usted. Ejemplo clásico de un jefe difícil es Robert Maxwell, un verdadero visionario (y que ha tenido éxito), quien se reconoció culpable de todas las tachas arriba mencionadas, en una entrevista para "60 Minutos". En una ocasión despidió a su hijo por habérsele olvidado salir a recogerlo al aeropuerto, y seis meses después lo volvió a emplear.

Anne Bryant me contó de una superiora muy difícil: "Trabajé para una mujer a quien admiraba, la consideraba fabulosa, pero ella siempre estaba buscando defectos en las personas, y por eso perdió muchos buenos colaboradores. Es una mujer estimulante, brillante, una visionaria que de veras se mueve y cambia las organizaciones, pero trabajar con ella es muy difícil. Yo aprendí mucho con ella, tanto positivo como negativo. Si uno es fuerte, puede aprender de jefes malos, pero si no es fuerte, la cosa es dura".

Barbara Corday describe a los jefes malos y a los difíciles: "Creo que he aprendido cosas muy importantes de los malos líderes. Es como tener padres que le hacen decir a uno: «Yo a mis hijos no los trataré así»... Hace unos años, trabajé en Nueva York con un hombre que era muy grosero con sus empleados, tanto física como mentalmente. Empujaba a uno contra la pared y le gritaba. Después le ponía 50 dólares extra en el sobre de su sueldo. En ese ambiente no vi que se produjera ninguna lealtad ni ningún buen trabajo. Entonces resolví hacer todo lo contrario... Mi socia Barbara y yo trabajamos una vez para un hombre muy famoso, un productor de mucho talento que estaba mal casado y no tenía gran interés en regresar a su casa por las tardes. Por supuesto, el resultado era que se quedaba trabajando hasta altas horas de la noche lo mismo que los fines de semana. Nuestro jefe no tenía una vida de hogar que le interesara. La teoría que saqué de eso es que uno no debe imponerles su estilo y su vida personal a sus subalternos... Pienso que si por algo me conocen en esta industria es porque todos los que han trabajado para mí alguna vez quieren volver a trabajar conmigo".

Don Ritchey, jefe ejecutivo que fue de Lucky Stores, dice que los jefes difíciles "ponen a prueba las creencias de uno, y uno aprende todas las cosas que no debe hacer. Una vez me vi en una situación en que tenía que plantarme o callarme. Entonces me retiré y volví a la universidad para hacer una nueva carrera como administrador universitario. Un par de años después ese jefe se fue y a mí me volvieron a contratar. Finalmente llegué a ser jefe ejecutivo". Ritchey trabajó para algunos superiores muy buenos, pero fue el jefe difícil el que produjo un impacto decisivo en su carrera.

Con un jefe débil, un líder que se está entrenando se verá quizá en el caso de abrirse campo por sí mismo.

Shirley Hufstedler dijo: "Algunas personas en el fondo quieren que el mundo las cuide a ellas, en lugar de lo contrario. Para tales personas sólo una crisis (como una enfermedad grave, una situación que amenaza la vida, una gran pérdida personal o financiera) puede cambiarlas o cambiar su dirección".

El jefe ideal para un líder que se está formando es probablemente un buen jefe con defectos graves, de modo que uno pueda aprender simultáneamente lo que debe hacer y lo que no debe hacer.

Ernest Hemingway dijo que el mundo nos rompe a todos, y que nos hacemos más fuertes en las partes rotas. Eso, sin duda, es cierto de los líderes. Su capacidad de rebote les permite triunfar, realizar su visión.

Robert Dockson me habló de cuando lo despidieron del Bank of America: "Es una de las mejores cosas que me han sucedido, pues si uno puede reaccionar, puede aprender muchísimo".

Mathilde Krim nunca sintió que perteneciera a un grupo. "Siempre me sentí un poco distinta", dice. Sin embargo, hoy es cabeza de una de las fundaciones más importantes de los Estados Unidos y su principal vocera.

Esto me lleva a lo que yo denomino el Factor Wallenda, concepto que he descrito pormenorizadamente en *Líderes*, de manera que aquí sólo lo repetiré brevemente. Poco después de caerse y matarse el gran volatinero Karl Wallenda, cuando realizaba su más peligrosa prueba en la cuerda floja, en 1978, su viuda, que también era equilibrista, me dijo: "Desde hacía varios meses Karl no pensaba sino en que se iba a caer. Era la primera vez que pensaba en semejante cosa, y a mí me parecía que estaba dedicando toda su energía a no caerse en lugar de concentrarse en pasar por la cuerda floja". Si pensamos más en el fracaso que en hacer lo que estamos haciendo, no tendremos éxito.

Pocos líderes norteamericanos (y ninguno de aquéllos con quienes conversé) han experimentado nada parecido a la crisis del Tylenol que le tocó a Jim Burke hace unos años. Fue aquélla una calamidad que podría haber destruido a Johnson & Johnson, pero tanto la compañía como Burke salieron de ella más fuertes y más sabios que antes. Burke habló por extenso sobre la crisis, y para mí fue claro que en ningún momento pensó en la posibilidad de no salir adelante.

Como se recordará, varias personas murieron por tomar cápsulas de Tylenol que habían sido envenenadas. La noticia se difundió por todo el país como una tormenta de fuego, tanto más dramática y aterradora cuanto que nadie sabía quién había introducido el veneno, ni por qué, ni cuántos frascos se habían envenenado. Burke se hizo inmediatamente cargo de la situación. "Sabía que era mi deber y sabía que podía hacerlo", dijo. "Nunca en mi vida había aparecido en televisión, pero entendía este medio y entendía al público. Puse tres organizaciones distintas a investigar, una desde el punto de vista global de Johnson & Johnson, otra desde el punto de vista del producto, y, en tercer lugar, un grupo de personal de la compañía que salió con cámaras de TV a entrevistarse con los consumidores. Por la noche yo me llevaba a casa las cintas y se las hice ver a todos los que debían tomar decisiones, de manera que todos escuchamos a la gente, la vimos y palpamos sus emociones y sus reacciones.

"Yo tengo experiencia en investigación de mercados y comercialización de productos de consumo. Conozco los medios de comunicación. Me había entendido muchas veces con las cadenas, conocía a los jefes de noticias, sabía a quiénes llamar y cómo hablarles. No quería aparecer personalmente en la televisión sino hacer que ellos entendieran el problema y la necesidad de tratarlo en forma responsable. Bien sabía que a la larga el público tomaría la decisión, no sólo sobre Tylenol y Johnson & Johnson sino sobre la forma en que comercializamos las drogas de venta libre en general. Yo permanecía en esta oficina doce horas al día. Les pedía consejo a todos, pues nadie se había visto antes frente a un problema como éste. Era una situación totalmente nueva.

"Mi hijo dijo una cosa interesante; dijo que yo tenía una filosofía de la vida en la cual creía firmemente; que, súbitamente, en virtud de un accidente, esa filosofía se veía puesta a prueba, y toda mi experiencia se utilizó en una forma única. Varias personas muy capaces me dijeron que ellas no podrían hacer lo que yo estaba haciendo, y aquí una sola persona me apoyó. Yo sabía que nosotros no éramos los malos, creía en el valor intrínseco del sistema y creía que seríamos tratados con justicia. Pero cuando me resolví a presentarme en el programa "60 Minutos", el jefe de relaciones públicas me dijo que ésa era la peor decisión que se había tomado en esta compañía, que arriesgar a la compañía en esa forma era pura irresponsabilidad; se salió de la oficina, y dio un portazo.

"Años antes, yo había sido amigo de Mike Wallace, y me entrevisté con él y con su productor, el tipo más duro de pelar que he conocido. Había sido fiscal acusador, y se comportaba como tal. A la conclusión que llegamos, en definitiva, fue que, si éramos absolutamente honestos con ellos, saldríamos bien. Y así sucedió. Después del programa hicimos encuestas, y las personas que lo vieron estaban cinco veces más dispuestas a comprar nuestros productos que las que no lo vieron. También aparecí en otro programa que resultó de mucho apoyo y muy útil.

"Yo creo que todo salió bien porque yo estaba convencido de que la compañía contaba con grandes reservas de energía que nunca había utilizado antes. No hubo un solo médico en el país a quien no interrogáramos acerca de Tylenol. Internamente teníamos todo lo que necesitábamos, incluso la fuerza moral. El nuevo envase lo creamos prácticamente de la noche a la mañana; normalmente se habrían gastado dos años. Pero lo más importante fue que lo primero para nosotros fue el público. Nunca le ocultamos nada; fuimos absolutamente francos. Eso confirma mi fe en que si uno es honesto, sale adelante.

"En esos días yo vivía comiendo cualquier cosa y durmiendo sólo tres o cuatro horas cada noche, pero no pareció afectarme. Seguramente el organismo elabora las sustancias químicas que necesita para hacer frente a una emergencia. Creo que también me sostenía la convicción de estar procediendo bien. Estaba seguro de que salvaríamos la marca, y la salvamos".

Burke apareció en la cubierta de *Fortune* en junio de 1988, como parte de un artículo sobre los innovadores: honor muy merecido.

Nuestros líderes transforman la experiencia en sabiduría, y a la vez transforman la cultura de sus organizaciones. De esta manera se transforma la sociedad globalmente. No es un proceso claro ni es necesariamente lógico, pero es el único que tenemos.

Lynn Harrell, un gran violonchelista y profesor en la Universidad del Sur de California, escribe en la revista *Ovation*: "Por desgracia es imposible enseñar magia. En mi clase tengo doce estudiantes de talento, y constantemente busco alguna manera de definir lo indefinible... Pero, al fin y al cabo, ellos tienen que salir a tocar con la orquesta y aprenderlo por sí mismos. No hay nada que reemplace a la magia [de la orquesta]. Por eso yo gruño como un perro guardián si veo que los están privando de esta experiencia... Yo recuerdo cómo se siente uno al abrirse en esta forma cuando es joven, antes de que se cierre la concha de la ordinariez".

Hay magia en la experiencia, y también sabiduría. Y más magia en la tensión, en el desafío y en la adversidad, y más sabiduría. Y conocer uno su oficio vale infinitamente más que todos los diplomas de licenciado, de máster y de Ph.D.

8

Ponga a los demás de su parte

Una vez más a la brecha, queridos amigos, una vez más...
Seguid a vuestro espíritu, y al cargar
gritad: "¡Dios por Harry, Inglaterra y San Jorge!"

William Shakespeare
The Life of King Henry V

¿Qué es lo que nos hace lanzarnos a la brecha, siguiendo aun a líderes a quienes no les escribió Shakespeare sus palabras? Unos dirían que la explicación es el carisma, que unos tienen y otros no. Yo no creo que la cosa sea tan sencilla. En el curso de mis estudios he conocido a muchos líderes que no se podían llamar carismáticos, ni estirando mucho la retórica, y, sin embargo, les inspiraban a sus compañeros de trabajo confianza y lealtad envidiables. Y con su habilidad para hacer poner a la gente de su parte lograban efectuar cambios necesarios en la cultura de sus organizaciones y su visión guía.

Ed, el que se rindió al contexto a principios de este libro, no forma parte de ese grupo. Cuando lo conocí, la única queja contra él era que no tenía don de gentes. Resultó después, por supuesto, que el problema era mucho más hondo; pero las habilidades para entenderse con la gente merecen más atención de la que generalmente se les presta cuando se habla de liderazgo. Algunas de esas habilidades se pueden enseñar, pero no creo que todas. Por ejemplo, empatía (como carisma) es tal vez una cosa que un individuo tiene o no tiene. No todos los líderes la tienen, pero muchos sí. Marty Kaplan dijo: "He conocido líderes que no tenían nada de esa cualidad y, sin embargo, eran líderes, pero los que sí la tenían me han impresionado y me han inspirado más". Gloria Steinem agrega: "Hay muchas personas excelentes que no saben de empatía".

Barbara Corday, la ejecutiva de CBS, también trabaja con empatía, que ella ve como una característica típicamente femenina: "Yo creo que las mujeres ven el poder en una forma, y los hombres en otra. Yo no necesito poder personal, especialmente sobre las personas. El poder que me interesa es el que hace que mi compañía trabaje bien, que mis colaboradores trabajen bien... Como madres, esposas e hijas, nos hemos dedicado a cuidar y, en nuestra vida, muchas de las personas encargadas de cuidar han sido mujeres. Seguimos desempeñando tareas de cuidar aun cuando sobresalgamos en la vida de los negocios. Eso lo encontramos natural. Siempre me ha causado complacencia, felicidad y orgullo el hecho de que no sólo conozco a todas las personas que trabajan para mí, sino que sé los nombres de sus cónyuges y de sus hijos, sé quién ha estado enfermo y sé qué preguntar. Esto es muy importante para mí en la atmósfera de trabajo. Creo que los empleados lo agradecen, y por eso les gusta estar allí, y por eso son leales y se interesan en lo que están haciendo. Es una característica que me parece peculiarmente femenina".

Sin embargo, los hombres con quienes conversé también me hablaron de empatía. Herb Alpert dijo: "Una de las claves para trabajar con artistas es prestar atención a sus sentimientos y sus necesidades, darles la oportunidad de expresar sus quejas o sus brillantes ideas".

La empatía no es sólo para artistas. El ex jefe ejecutivo de Lucky Stores, Don Ritchey, dijo: "Yo creo que uno de los mayores estímulos para un individuo es saber que sus compañeros, y sobre todo sus jefes, no sólo lo conocen sino que saben detalladamente qué es lo que hace, que están comprometidos con él en la misma tarea diaria, que se trata de una sociedad y que todos están empeñados en un esfuerzo común por sacarla adelante; y que si algo marcha mal, nuestro objetivo es corregirlo, no buscar a quién echarle la culpa".

Desde luego, empatía no es el único factor para ganarse a

la gente. Roger Gould explica cómo él se encargó, sin ejercer control: "Yo he sido siempre un trabajador más bien solitario, pero cuando fui jefe de los servicios para pacientes externos de la Universidad de California, en Los Angeles, establecí una especie de liderazgo por consenso, basado en que fuera el grupo el que planteara el problema. Si se nos presentaba un problema o una queja, le hacíamos frente sin dilación y abiertamente. El hecho de que yo fuera el jefe no significaba que debía asumir toda la responsabilidad. Todos vivían con la misma complicación, de manera que teníamos que hacerle frente como grupo".

Sydney Pollack describe en esta forma la necesidad que tiene el líder de que los demás estén de su parte: "Hasta cierto punto, se puede conducir por el miedo, por la intimidación, por horroroso que parezca. Es posible hacerse seguir infundiendo temor o haciendo que la gente se sienta obligada. Se puede conducir creando sentimientos de culpa. Hay muchísimo liderazgo que proviene del temor, la dependencia y el remordimiento. El campamento de reclutas para la Marina es un buen ejemplo de ello. Pero lo malo es que así se obtiene obediencia con un residuo de resentimiento. Si usted quiere una analogía física, se mueve uno a través del medio pero dejando una resaca, una gran cantidad de resistencia. Hay otras dos cualidades que me parecen razones más positivas para seguir a alguno. Una es una sincera confianza en la persona a quien se sigue. La otra es el interés propio. La persona que sigue tiene que creer que seguir es lo que más le conviene en ese momento. Es decir, tiene que ser evidente para ella que siguiendo al líder le irá mejor que no siguiéndolo. Uno no quiere que la gente lo siga sólo porque por eso le pagan. A veces uno puede enseñarles algo; por ejemplo: «Usted aprenderá más haciendo esta película que haciendo otra». Hay que hacerles ver que tienen algo que ganar o que perder".

Barbara Corday se expresa en términos parecidos: "Hacer poner a la gente de su parte tiene mucho que ver con el espíritu, con la atmósfera de equipo. También creo que no hay que poner a la gente a competir personalmente en el lugar de trabajo, lo cual no es una filosofía universalmente aceptada. No creo en la emulación personal en el lugar de trabajo. Dondequiera que he trabajado me he esforzado por librar a la compañía del espectáculo y al personal de la politiquería interna. Nunca he podido trabajar bajo la política del temor".

Don Ritchey está de acuerdo: "Es esencial para un liderazgo eficaz saber que no se puede forzar a las personas a hacer las cosas. Tienen que tener voluntad de hacerlas, y creo que la tienen si respetan a la persona que dirige, si tienen confianza en que esa persona tiene una visión para la compañía... Yo no tengo ninguna idea luminosa acerca de cómo se le enseña a un individuo a ser líder, pero lo que sí sé es que no se puede conducir, a menos que haya alguien dispuesto a seguir".

Gloria Steinem ve la cuestión de poner a los demás de su parte como la diferencia entre liderazgo "de movimiento" y liderazgo "corporativo", aun cuando reconoce que esto puede no ser justo cuando se trata de los buenos líderes corporativos como Ritchey. "El liderazgo de movimiento consiste en persuadir, no en dar órdenes. No requiere una posición desde la cual conducir. Eso no existe. El líder tiene éxito por su capacidad de expresar los conceptos en una forma que inspira, que posibilita las coaliciones. El movimiento tiene que ser compartido por muy diversas personas, no sólo por un pequeño grupo. Por ejemplo, antes de popularizar nosotros la expresión «libertad reproductiva», se hablaba de «control demográfico», y eso creaba desacuerdo porque algunos pobres o grupos raciales entendían que iba dirigido contra ellos. El problema estaba en la frase, pues daba la impresión de que otros tomaban la decisión, no uno mismo. En cambio, «libertad reproductiva» sugiere que el centro de autoridad está en el individuo. Y eso posibilitó las coaliciones... No hay ningún ser humano que haga lo que yo digo. Ninguno. Ni siquiera mi asistente, que es muy inteligente. El único poder que tengo es el poder de persuasión, o de inspiración".

Betty Friedan se refirió igualmente a la idea de conducir por la palabra, más bien que por la posición. "Yo nunca he buscado poder en la organización. Puedo ejercer mucha influencia con la sola voz. No tengo necesidad de ser presidenta. Hace poco, pronuncié un discurso ante una numerosa concurrencia en una universidad en que solamente el dos por ciento del profesorado eran mujeres. Les leí las cifras y les dije: «Seguramente me encuentro en un lugar que por algún motivo es un anacronismo. Me sorprende que no les hayan entablado una seria demanda por violar las leyes contra la discriminación. Desde luego, hemos tenido ocho años de Reagan, y no han hecho cumplir las leyes sobre discriminación; pero ahora tenemos la Ley de Restauración de Derechos Civiles. Ustedes están en una posición muy vulnerable puesto que más del cincuenta por ciento de su financiación proviene de fondos del gobierno federal. No les digo sino que se cuiden». La tensión que se creó en la sala era palpable. No dije más sobre ese asunto. Seguí adelante con mi conferencia. Y algo ocurrió en esa sala. Así que durante los últimos diez años yo no he sido cabeza de ninguna organización, y no necesito serlo".

La cuestión fundamental en esto de conducir con la palabra es confianza. En efecto, creo que inspirar confianza es la base no sólo para hacer poner a los demás de parte de uno sino también para conservarlos ahí. Hay cuatro ingredientes que tienen los líderes y que sostienen la confianza:

1. *Constancia.* Aun cuando los líderes mismos puedan sufrir sorpresas, no le crean sorpresas al grupo. Los líderes son coherentes; mantienen el rumbo.
2. *Congruencia.* Los líderes practican lo que predican. No hay vacíos entre las teorías que un líder propugna y la vida que lleva.
3. *Confiabilidad.* Los líderes están en su puesto cuando los necesitan. Están dispuestos a apoyar a sus compañeros de trabajo en los momentos críticos.
4. *Integridad.* Los líderes cumplen sus compromisos y sus promesas.

Cuando se den estas cuatro condiciones, los empleados estarán de su parte. Estas también son cosas que no se pueden enseñar; sólo se pueden aprender; las personas como Ed nunca entienden la importancia de ellas.

Refiriéndose a su trabajo con las Girl Scouts, Frances Hesselbein dijo: "Creo que he cumplido mis promesas. Pude comunicarle a la organización una visión, un futuro y respeto a la gente. La integridad personal y organizacional es la clave. Pero yo tengo pasión por hacer todas las cosas cada vez mejor, buscando la excelencia en todo lo que hacemos. No estamos administrando para ser grandes administradoras: administramos para la misión. No creo en el sistema de estrellas. Creo que hay que ayudar a todos a identificar lo que hacen bien y dejarlos en libertad para que lo hagan. Toda nuestra atención está concentrada en los miembros de nuestra organización, en la prestación de servicios a los miembros, en las oportunidades que brindan la organización y sus seiscientas mil voluntarias. Es una época muy emocionante. Estamos trasladando toda la ecología del aprendizaje de una clase o lugar específicos a áreas problemáticas, de manera que los llamados problemas se convierten en oportunidades de servir en formas nuevas".

Richard Schubert se sirve de la palabra para promover nada menos que una revolución en una vieja institución: "Es más difícil manejar la Cruz Roja que la Bethlehem Steel: en primer lugar, porque aquí todo lo hace uno entre paredes de cristal; en segundo lugar, porque uno trabaja principalmente con voluntarios; y en tercer lugar, porque la naturaleza de la organización exige liderazgo de tiempo completo. No es posible limitarse a administrar: hay que dirigir. Paso mucho tiempo en las trincheras. Para mí es importante entender a las personas a quienes servimos y entender la idea que tienen de nosotros. Siempre tengo presente la naturaleza global de la organización. En el fondo, sólo hay dos servicios que debe prestar todo capítulo de la Cruz Roja: servicios en caso de desastre y servicios de ayuda a las familias de militares durante las crisis. Pero hemos creado un nuevo foco; no vamos a tratar de hacer de todo para todo el mundo; seremos una organización de emergencia, y, básicamente, dejamos que nuestros capítulos determinen las necesidades de su comunidad en esta área. Por tanto, todo lo que se pueda imaginar en materia de salud y bienestar lo hace algún capítulo de la Cruz Roja".

Lo mismo que Gloria Steinem y Betty Friedan, Frances Hesselbein y Richard Schubert deben conducir con la palabra. Ellos entienden la lección de que deben hacerse cargo sin ejercer control, inspirar a sus voluntarios, no darles órdenes.

Dirigir con la palabra es una condición necesaria del liderazgo de movimiento, o de cualquier situación en que haya que trabajar con voluntarios. Pero la misma habilidad de inspirar y persuadir por empatía y confianza puede y debe estar presente en todas las organizaciones. Max De Pree, jefe ejecutivo de Herman Miller, sostiene en su libro *Leadership Is an Art* que ésa es la mejor manera de tratar a todo el mundo: "Las mejores personas que trabajan para organizaciones son como los voluntarios. Como probablemente podrían encontrar trabajo en muchos otros grupos, eligen trabajar en determinado lugar por consideraciones menos tangibles que sueldo o posición jerárquica. Los voluntarios no necesitan contratos, necesitan acuerdos... Relaciones de este tipo producen libertad, no parálisis, y se basan en una dedicación compartida a ideas, asuntos, valores y metas, y al proceso administrativo. Palabras tales como amor, afecto, simpatía personal son ciertamente pertinentes. Las relaciones de un común acuerdo satisfacen profundas necesidades y permiten que el trabajo tenga significado y sea gratificador".

El filósofo inglés Isaiah Berlin dijo: "El zorro sabe muchas cosas; el puerco espín sólo sabe una". El líder es zorro y puerco espín. Ha dominado su vocación o profesión, hace lo que tiene que hacer tan bien como es posible hacerlo, pero es también maestro en las habilidades humanas más fundamentales. Sabe establecer y mantener relaciones positivas con sus subalternos dentro de la organización y con sus colegas fuera de ella. Posee no sólo la habilidad de comprender las dimensiones y propósitos de la organización sino también de expresar esa comprensión y hacerla manifiesta. Tiene la capacidad de inspirar confianza, sin abusar de ella.

Don Ritchey dijo: "Es necesario que los colaboradores de usted crean que usted sabe lo que hace, y usted debe manifestarles que confía en ellos. Yo siempre gastaba un poco más de tiempo, les contaba a los demás un poco más de lo que necesitaban saber... Uno tiene que ser absolutamente honesto con la gente, no listo ni astuto, ni debe creer que la puede manipular. Esto no quiere decir que tenga que considerar a todos los trabajadores como si fueran estrellas ni aprobar todo lo que hacen; pero la relación me parece que debe ser honesta".

Finalmente, la capacidad del líder para convencer a sus compañeros de trabajo depende de su comprensión de sí mismo y de las necesidades de ellos, y, además, de su comprensión de lo que Frances Hesselbein llama su misión. En tales líderes, competencia, visión y virtud existen en un equilibrio casi perfecto. La competencia o los conocimientos sin visión y sin virtud producen tecnócratas; la virtud sin visión y sin conocimientos produce ideólogos; la visión sin virtud y sin conocimientos produce demagogos.

Como lo indicó Peter Drucker, el objetivo principal del liderazgo es crear una comunidad humana unida por el vínculo del trabajo encaminado a un propósito común. Las organizaciones y sus líderes tienen que tratar, inevitablemente, con la naturaleza del hombre, razón por la cual los valores, los compromisos, las convicciones y hasta las pasiones son elementos básicos de toda organización. Como quiera que los líderes tratan con personas y no con cosas, el liderazgo sin valores, sin compromiso y sin convicción no puede ser sino inhumano y perjudicial.

Especialmente hoy, en el actual clima tornadizo, es vital que el líder siga un rumbo claro y consecuente. Debe reconocer las incertidumbres y entenderse eficazmente con el presente, anticipándose simultáneamente al futuro y preparándose para él. Esto significa expresar incesantemente la misión de la organización, explicarla, ampliarla, expandirla y revisarla cuando sea necesario. Las metas no son fines sino procesos ideales mediante los cuales se crea el futuro.

La integridad es la base de la confianza

Una grave situación que se les presenta actualmente a todos los líderes es una epidemia de malos manejos en las corporaciones, como leemos todos los días en los periódicos. Y si hay algo que mine la confianza, es la idea de que a los de arriba les falta integridad, que no tienen un sólido sentido de ética. Las características de empatía y confianza no sólo se reflejan en los códigos de ética sino en las culturas organizacionales que apoyen conductas éticas. Algunos estudios recientes achacan la falta de ética profesional al actual clima de los negocios, que no sólo perdona la codicia sino que la premia. Uno de estos estudios, realizado por William Frederick en la Universidad de Pittsburgh, indica que, por ironía de las cosas, las corporaciones que tienen códigos de ética son las que con mayor frecuencia citan las dependencias gubernamentales, porque esos códigos generalmente ponen énfasis en la necesidad de mejorar el balance general de la empresa. Marilyn Cash Mathews, autora de otro estudio que se llevó a cabo en la Universidad del Estado de Washington, anota que en las tres cuartas partes de dichos códigos no se tocan cuestiones tales como la seguridad ambiental y del producto, y concluye: "Los códigos se refieren realmente a infracciones contra la corporación, más bien que a hechos ilegales cometidos para su beneficio".

Frederick, quien investigó los valores personales de más de doscientos gerentes en el área de Pittsburgh, encontró que "los valores personales del individuo son bloqueados por las necesidades de la compañía". Menciona un estudio anterior en el cual se incluyeron entrevistas con seis mil ejecutivos, y encuentra que el setenta por ciento de los entrevistados se sentían presionados a adaptarse a las normas de la corporación, y con frecuencia sacrificaban sus propios principios de ética para acomodarse a la empresa.

Esta decadencia de la ética en las corporaciones es el resultado directo de la mentalidad materialista. Norman Lear la condena: "Si en otro tiempo la mayor influencia sobre la cultura la ejercían la Iglesia, la educación y la familia, en la actualidad los negocios son los que producen más impacto. A donde quiera que uno vuelva los ojos, me parece que lo que más afecta a nuestra cultura es la actitud de pensar a corto plazo en los negocios. Y eso es "liderazgo", porque con eso, ciertamente, se les hace creer a los niños que no hay nada entre ganar y perder. Pensar a corto plazo es la enfermedad social de nuestro tiempo".

Otros líderes están de acuerdo con Norman Lear, y observan que si las compañías le dedicaran tanto tiempo y atención a la calidad del producto como el que dedican a tratar de burlar las leyes y a comprar funcionarios, probablemente aumentarían sus utilidades.

Aunque los estudios de la relación que hay entre la ética corporativa y las utilidades no son concluyentes (en su mayor parte no muestran ninguna relación), Jim Burke indicó que las corporaciones que se ciñen a los principios de la ética pueden ser siempre rentables. Una de ellas es su propia compañía, Johnson & Johnson. Y agregó: "Es posible crear una cultura que atraiga las cualidades que uno aprecia en las personas. Esto se puede llamar liderazgo, o se puede llamar creación de una cultura positiva".

Don Ritchey, ex jefe ejecutivo de Lucky Stores, dice: "Yo parto del principio de que la mayor parte de las personas quieren ser honradas. Es una especie de filosofía de la Regla de Oro. Si uno establece un clima en que lo que uno dice no solamente lo dice en serio y da resultado sino que, además, así lo percibe la gente, nadie se ve en el caso de hacer una elección interesada porque lo estén presionando ya sea para que proceda con honradez o para que se preste a manipulaciones turbias. Si uno es intransigente para erradicar los malos manejos, tanto mejor. Si pillábamos a alguno engañando sobre las utilidades brutas, por ejemplo, le ordenábamos repararlo, aunque se quedara corto, y si reincidía, quedaba fuera de la empresa... Esto de la ética no es sensiblería. Da mejores resultados. Yo fui especialmente afortunado trabajando en esa compañía. En las decisiones cotidianas nunca tuve que escoger entre lo que era correcto y lo que le convenía al negocio".

Sin embargo. de acuerdo con Dick Ferry, presidente de Korn/Ferry, son la excepción Burke, Ritchey y otros que se preocupan por algo más que por los beneficios a corto plazo. Dice Ferry: "En las compañías de los Estados Unidos hay algunos ejecutivos brillantes, ejecutivos que entienden claramente lo que se va a necesitar para ser competitivos en el futuro, pero se ven en calzas prietas. La única forma en que pueden protegerse de adquisiciones hostiles es haciendo subir el precio de las acciones. Todo el que piense seriamente en el futuro pone en peligro su compañía — lo mismo que su propia carrera — porque invertir una buena cantidad de dinero en áreas como investigación y desarrollo y nuevos productos no da ganancias inmediatas... Las compañías pueden redactar impresionantes descripciones del cargo, y habrá mucha discusión sobre estrategia a largo plazo, pero, en fin de cuentas, lo que quieren es un ejecutivo que produzca utilidades".

Burke, por su parte, está dispuesto a combatir esta enfermedad social. Norman Lear describe así lo que aquél está haciendo: "Jim Burke organizó unos almuerzos a los cuales invita a otros jefes ejecutivos. Al principio todos se muestran interesados en cómo se puede mejorar la imagen de los negocios. No están dispuestos a reconócer la enorme contribución que los negocios mismos están haciendo a esa mala imagen. A medida que pasa el tiempo y todos se van sosegando, se dan cuenta de que necesitan ayuda; de que los negocios necesitan ayuda. Ellos no son unos pícaros; ellos no fueron los que iniciaron esa obsesión de pensar a corto plazo. Saben que eso no está bien, pero se hallan en una trampa y no encuentran la salida. Necesitan que alguien enfoque sobre ella un reflector para que todo el mundo vea qué es lo que anda mal. Ellos pueden colaborar discretamente, pero no pueden decir: «Yo no voy a pensar a corto plazo». Su obligación es para con los accionistas, y los accionistas están representados por Wall Street, y ésa es una prensa de carpintero de la cual no se pueden escapar. Pero si encuentran la manera de hacer luz sobre esta cuestión, el clima puede cambiar y ellos pueden cambiar con él".

El poder de la palabra

Dirigir por medio de la palabra, inspirar por medio de la confianza y la empatía, pone a los demás de parte de uno, y, además, puede hacer cambiar suficientemente el clima a fin de que todos puedan hacer las cosas que deben hacer. Líderes como Burke, cuando hacen uso de la palabra ante sus colegas, mejoran el clima general, y, al mismo tiempo, reforman su propia organización para que haga frente al mundo con más éxito.

Es posible que el líder descubra que la cultura de su propia corporación es un obstáculo para el cambio que él quiere implantar porque, tal como está constituida, se dedica más a mantenerse en buen estado que a enfrentar nuevas situaciones.

John Sculley habla de la necesidad de que las organizaciones cambien: "Si examinamos la época de postguerra, cuando nos encontrábamos en el centro de la economía industrial mundial, vemos que a lo que más importancia se daba era a la autosuficiencia en toda empresa: en la educación, en los negocios, en el gobierno. Las organizaciones eran muy jerárquicas. Ese modelo ya no es adecuado. El nuevo modelo es a escala mundial, una red interdependiente, de manera que al nuevo líder se le presentan nuevas pruebas; por ejemplo, cómo conducir a personas que no dependen de él, empleados de otras compañías, en el Japón, en Europa, incluso competidores. ¿Cómo se dirige a los demás en este ambiente de total interdependencia saturado de ideas? Se necesita un conjunto enteramente distinto de habilidades, basadas en ideas, don de gentes y valores. Las cosas de que estoy hablando no son nuevas, pero ahora se presentan en un nuevo contexto. Lo que antes era periférico es ahora la tendencia principal. En los últimos diez años ha ocurrido un cambio de orientación. A los líderes tradicionales les cuesta mucho trabajo explicar lo que está sucediendo en el mundo porque basan sus explicaciones en el viejo paradigma, y si los mismos sucesos o los mismos hechos se colocan en un paradigma distinto, tal vez no se puedan explicar.

"Mi ex jefe en Pepsico y el actual jefe de IBM fueron pilotos de combate en la Segunda Guerra Mundial. Nuestro principal paradigma de un líder ya no es el as de aviación de la guerra. La nueva generación de líderes será más intelectualizada. ¿Qué significa pasar de una era industrial a una era informática? Más allá de las formas en que debemos cambiar como líderes y gerentes dentro del contexto de nuestra empresa, el mundo mismo está cambiando, está trabajando más con ideas, más con información, de manera que los que van a salir a la superficie, los que van a subir a la cima, serán los que se sientan cómodos y se entusiasmen con ideas e información.

"Yo antes pertenecía a varias juntas directivas porque quería aprender, pero desde que ingresé en Apple renuncié a todas".

Robert Dockson tuvo que cambiar un clima negativo cuando llegó a CalFed: "Cuando llegué aquí nadie se tomó la molestia de enseñarme el negocio. Era una compañía dividida, y las diversas facciones se habían aislado, rodeadas de una muralla. Ni siquiera se hablaban. Pensé si no habría cometido yo un tremendo error. Había once altos vicepresidentes, y todos querían mi puesto. Resolví no hacer una limpieza sino más bien ganármelos a todos para que trabajaran conmigo, no contra mí, y eso fue lo que hice.

"Creo que lo primero que hay que hacer para cambiar una cultura es poner a los demás de parte de uno y mostrarles a dónde quiere llevar uno la compañía. La confianza es vital. La gente confía en uno si uno actúa sin doblez, si pone las cartas sobre la mesa y le habla con franqueza. Aunque uno no sea muy elocuente, su honradez intelectual se trasluce, la gente la reconoce y reacciona positivamente.

"Creo que uno confía en un hombre que tiene visión y le hace ver a uno que esa visión es lo que se necesita hacer. Creo que esta compañía puede ser una de las instituciones financieras dominantes en la cuenca del Pacífico y quiero que mi sucesor, quienquiera que sea, tenga esa visión. No quiero que administre sino que guíe".

Jim Burke encontró muchas cosas buenas en Johnson & Johnson, pero también encontró algunas fallas. "Yo tenía una verdadera visión. Veía lo que iba a ser el futuro y entendía lo que se necesitaba para llegar allá. Empecé a ver lo que había aquí en cuanto al sistema de valores, y lo que faltaba, en cuanto a entender modernos principios de marketing. Había una especie de vacío.

"El ambiente de Johnson & Johnson es propicio para aprender a dirigir porque tenemos un alto grado de descentralización. El general Johnson utilizó un sistema de gerentes de producto porque vio que cuando las instituciones se hacen cada vez más grandes, conviene crear entidades más pequeñas dentro del todo para que las cosas se puedan hacer. Permitiendo la toma de decisiones buscaba dentro del conjunto la unidad que liberara energía creadora.

"Yo siempre he operado sobre el supuesto de que la confusión creadora y el conflicto son saludables. A veces tomo el lado de la oposición, simplemente para fomentar la controversia, porque así pienso mejor y así funciona mejor el sistema.

"Cuanto más libre sea la organización, más heterogeneidad habrá en el sistema y surgirán más líderes. Un defecto de los negocios en los Estados Unidos es el hábito de marchar según el estilo de un solo líder, y ese estilo se incrusta en la organización. Esto lleva a organizaciones jerárquicas verticales, y a mí me parece que así no es como se deben hacer las cosas. Aquí estamos descentralizados y abiertos, y la gente hace las cosas en formas muy diversas".

Todos los líderes con quienes conversé son partidarios del cambio, tanto de los individuos como de las organizaciones. Lo consideran equivalente al crecimiento tangible e intangible, y al progreso. Realmente podría decirse que la verdadera ocupación de su vida ha sido cambiar. Sin embargo, el cambio en el mundo en general igualmente podría constituir un obstáculo. Con demasiada frecuencia el estado operativo de los años 80 se ha caracterizado por "circunstancias que están fuera de nuestro control".

El cambio, por supuesto, no es cosa nueva. El mismo Adán al salir con Eva del Paraíso bien pudiera haber dicho: "Ahora entramos en un período de transición". Yo he escrito dieciséis libros, y todos, en una u otra forma han tenido que ver con el cambio. Pero el mundo nunca había sido tan cambiante, tan turbulento o tan convulsionado como hoy. Por todas partes nos rodea la incertidumbre; y, lo que es peor, en muchísimos casos ni siquiera podemos identificar el origen de esta turbulencia. Hasta la fecha se han dado cinco explicaciones racionales de la fuerte caída del mercado de valores que ocurrió el 19 de octubre de 1987, y ninguna concuerda con las otras en nada, fuera del hecho obvio de que las acciones estaban sobrevaluadas.

Los líderes no sólo administran el cambio: tienen que sentirse cómodos con él en su propia vida. Barbara Corday, como ya se vio, dijo haber hecho por lo menos cuatro carreras completamente distintas y estar preparada para la quinta.

Marty Kaplan pasó del Instituto Aspen a Washington, D.C., y luego a Disney Pictures, y dice: "Una cosa buena de esta industria es que uno puede actuar en ella en diversas condiciones. A mí no me interesa en lo más mínimo trepar a un poste engrasado, y ya he resuelto que en el curso del año próximo cambiaré de condición en el negocio e iré a un mundo en que ya es hora de empezar a aprender de nuevo. Creo que seré redactor de guiones y productor".

Alfred Gottschalk insistió en que en su contrato de trabajo con el Hebrew Union College se insertara una cláusula que él explica así: "Básicamente, puedo quedarme hasta la jubilación. Eso era lo que ellos querían. Insistí en agregar, «a menos que una de las dos partes no esté contenta», caso en el cual tenemos que conversar. Yo no tengo la intención de quedarme ni un día más si no estoy satisfecho de lo que estoy haciendo, y ellos no tienen por qué conservarme ni un día más si no están contentos con lo que estoy haciendo. Durante los últimos diecisiete años esto nos ha dado buen resultado. Ellos saben cuáles son las cuestiones básicas que yo sostengo, y si llegan a ponerlas en tela de juicio, saben que tengo la renuncia entre el bolsillo".

Don Ritchey piensa lo mismo: "Uno tiene que conservar el derecho de decir «Adiós» y marcharse. Esto es libertad".

Estos líderes se han entendido y siguen entendiéndose con el mundo cambiante, previendo las cosas, mirando no sólo adelante en el camino sino también a la vuelta de la esquina, viendo el cambio como una oportunidad más bien que como un obstáculo; y aceptándolo en lugar de oponerle resistencia. Una de las lecciones más difíciles que tiene que aprender todo esquiador novel es que hay que inclinarse en dirección opuesta a la montaña, no hacia ella: su impulso natural es permanecer lo más pegado posible a la pendiente porque así se siente más seguro; pero lo cierto es que sólo inclinándose puede moverse con libertad y controlar sus movimientos, en lugar de verse dominado por la pendiente. El novato en la organización hace lo mismo: se arrima a la pendiente de la compañía sumergiendo su propia identidad en la de la compañía. El líder se mantiene erguido y se inclina y rige su propio rumbo, con visión clara de la meta a donde quiere llegar... por lo menos hasta que empiece a nevar.

Resistirse al cambio es tan inútil como oponerse a que llueva, y el cambio es hoy el estado del tiempo: es así de constante y así de impredecible. Los líderes viven en él, lo mismo que las organizaciones. Y hay mucho que pueden hacer las organizaciones para facilitar el proceso.

9

La organización puede ayudar...o estorbar

Estoy tentado de creer que lo que llamamos instituciones necesarias no son más que instituciones a las cuales nos hemos acostumbrado. En materia de constitución social, el campo de posibilidades es mucho más extenso de lo que se imaginan los hombres que viven en sus distintas sociedades.

Alexis de Tocqueville
Democracy in America

Golpeadas por las mareas del cambio, por fuerzas que ni siquiera existían hace una generación, sitiadas por todas partes, muchas organizaciones simplemente se han acurrucado para defenderse; pero, como en el viejo chiste, se preparan para un ataque nuclear reuniendo los carros en forma de círculo. No se mueven ni se dejan mover, mientras que fuera del círculo todo está en movimiento.

Durante la generación pasada, el cambio parece haber sido el enemigo de la organización. Las entidades sin ánimo de lucro han visto subir sus costos, secarse sus fuentes de ingresos y cuestionar su misión. El mundo de los negocios ha presenciado la entrada de competidores extranjeros en su propio territorio, los mercados han danzado a un ritmo antes desconocido, el carácter mismo del trabajo ha cambiado. J. Paul Getty dijo alguna vez que él tenía los tres secretos del éxito: el primero, levantarse temprano; el segundo, trabajar con ahínco; el tercero, encontrar petróleo. Hoy ya nada parece tan sencillo.

El cambio no se puede ver como el enemigo, puesto que es

por el contrario, la fuente de la salvación organizacional. Sólo cambiando pueden las organizaciones volver al juego e ir al fondo de las cosas.

Hoy operan en el mundo cinco fuerzas fundamentales:

- *La tecnología*
  El invento más significativo de los últimos cincuenta años es el circuito integrado. Cuarenta trabajadores producen hoy lo que antes requería mil doscientos trabajadores. Alguien dijo que la fábrica del futuro la manejarán un hombre y un perro. El trabajo del hombre consistirá en darle de comer al perro. El deber del perro será no dejar que el hombre toque las máquinas.

  Y aun cuando el impacto del circuito integrado haya sido tan sorprendente, será pálido en comparación con el impacto de algún gene aún no descubierto que en un futuro próximo saldrá en toda su gloria de algún oscuro laboratorio de bioingeniería.

- *La interdependencia mundial*
  Una de las primeras cosas que consulta hoy el hombre de negocios sagaz es el tipo de cambio dólar-yen. Un cincuenta por ciento del centro comercial de Los Angeles es de propiedad de japoneses, lo mismo que una buena parte del popular Riviera Country Club. La inversión extranjera en los Estados Unidos — en bienes raíces, en instituciones financieras, en negocios — sigue subiendo. En 1992, año en que Europa se transformará de verdad en un mercado común, contará con 330 millones de consumidores, contra 240 millones en los Estados Unidos.

- *Las fusiones y las adquisiciones*
  Persiste la fiebre de la absorción de empresas por determinados grupos; y, sin embargo, nadie sabe si esto es económicamente beneficioso. En la Escuela de Administración de Empresas de Harvard se realizó un estudio que abarcó los años de 1950 a 1980, y revela que el setenta y cinco por ciento de las adquisiciones hechas en ese lapso fueron posteriormente anuladas por desposeimiento. De 116 compañías que entraron en fusiones, sólo el veintitrés por ciento resistieron con éxito la transición.

Pese a ello, en enero y en febrero de 1988 otros 60 000 millones de dólares se invirtieron en fusiones y adquisiciones.

- *La desregulación y la reglamentación*
  Las empresas de servicios públicos, de transportes y de seguros, que antes eran los negocios más previsibles del mundo, hoy son los más inciertos. La industria de la aviación, como hoja llevada y traída por la tormenta, se enzarza en guerras de tarifas, peleas por las rutas y problemas con los sindicatos, mientras el servicio decae. Quiebras de entidades de ahorros y préstamos que arriesgaron demasiado les están costando a los contribuyentes miles de millones para sacarlas a flote.

- *La demografía y los valores*
  La población de los Estados Unidos está envejeciendo. En el año 2010, el veinte por ciento de ella pasará de los sesenta y cinco años de edad, lo cual exigirá toda una constelación de nuevos bienes y servicios y modificación de la demanda en el mercado. Entre 1988 y 2000, la fuerza laboral sufrirá un cambio notable. Sólo el quince por ciento de los nuevos trabajadores serán varones blancos, el veinticinco por ciento serán mujeres blancas, y el resto latinos, negros y asiáticos.
  El consumidor de los Estados Unidos es cada vez más exigente, pide más calidad y seguridad en los productos, más y mejor servicio, y productos más eficaces en el tiempo.

Cada uno de estos cambios es de por sí enorme en su impacto y en sus consecuencias, separadamente; y en conjunto, sin olvidar sus múltiples interacciones, constituyen una revolución. Además, una revolución en marcha genera siempre cambios y desviaciones adicionales a medida que cruza el territorio.

Hubo un tiempo en que una compañía lanzaba un nuevo producto, lo comercializaba y lo vendía. Había competencia, por supuesto, pero en el mercado de consumo había amplio campo para todos. Hoy la situación es muy distinta. Tom Peters pinta un escenario típico para los años 80. Al prepararse una compañía para salir al mercado con un producto nuevo, encuentra allí las siguientes entidades:

- Un nuevo competidor de Corea.
- Una compañía japonesa ya establecida que ha rebajado grandemente sus costos y ha mejorado la calidad.
- Una o varias nuevas compañías de los Estados Unidos que empiezan.
- Una antigua compañía de los Estados Unidos con un nuevo enfoque.
- Un antiguo competidor que vendió una compañía con una gran red de distribución.
- Una compañía que ahora tiene un sistema de distribución con base electrónica que le permite recortar el tiempo de entrega en un setenta y cinco por ciento.

Y encuentra que tiene que ejecutar las siguientes tareas:

- Dividir el mercado en segmentos.
- Responder a nuevas demandas y gustos de los consumidores, que cambian con rapidez.
- Trabajar con monedas de valor fluctuante.
- Sufrir alteraciones del servicio de proveedores extranjeros, como ocurre cuando sus respectivos países no pagan sus deudas.

Junto con la lista de Peters, considérense algunos otros fenómenos de nuestra época:

- TV por cable, superestaciones y transmisiones vía satélite.
- Familias de un solo padre, madres que trabajan, hogares de una sola persona.
- Costos exorbitantes de la vivienda, de manera que en muchas partes del país, de cada cinco familias sólo una puede comprar casa propia.
- Costos exorbitantes de servicios médicos y de salud.
- Minicentros comerciales.
- El carácter litigioso e inamistoso de la sociedad.
- Electorados fraccionados y fragmentados.
- Aumento de la población analfabeta y que no habla inglés.
- Aumento de la población que no tiene dónde vivir.
- Abuso creciente del consumo de drogas.

Como la organización es hoy la principal forma social, económica y política, y como los negocios son la fuerza cultural dominante en los Estados Unidos, las organizaciones en general y los negocios en particular tienen que hacer frente a estos vastos y profundos cambios de la sociedad estadounidense. Muchas nuevas organizaciones y negocios se han diseñado, en mayor o menor grado, para funcionar eficientemente en este clima inestable. Pero la última gran transformación general de los negocios en los Estados Unidos ocurrió entre 1890 y 1910, cuando nació la moderna corporación o sociedad anónima. Tenía dos características principales: múltiples unidades operativas y jerarquías administrativas. Obviamente, ya es hora de otra transformación, y la clave de ella es la actitud de la organización hacia sus trabajadores.

Por ser la organización la forma principal de la época, es también su principal modeladora. Es, o debe ser, arquitecta de la sociedad; esto significa que sus ejecutivos también tienen que ser arquitectos sociales. Tienen que rediseñar sus organizaciones a fin de rediseñar la sociedad con perfiles más humanos y funcionales. Necesitan, en una palabra, ser líderes más bien que gerentes.

Las grandes corporaciones de los Estados Unidos eran el reflejo y la prolongación de sus fundadores. La Ford Motor Company era Henry Ford; la General Motors era Alfred Sloan; la RCA era Robert Sarnoff. Hoy también las grandes corporaciones son el reflejo de sus jefes, pero ya las cosas no son tan sencillas, y muchas veces los reflejos son fracturados. Por otra parte, las grandes corporaciones de antes eran agentes del cambio — Henry Ford les pagaba a los obreros de la línea de montaje un jornal inaudito: ¡5 dólares diarios! — mientras que hoy las grandes corporaciones son con frecuencia sus víctimas.

En esta era de uso intensivo de servicios e información, el recurso principal de toda organización es su gente; y, sin embargo, muchos ven al personal no como un activo sino como un pasivo. Esta actitud arcaica no sólo empaña el reflejo sino que impide que la organización utilice su principal recurso en su esfuerzo por rehacerse. Lo mismo que el individuo, la organización tiene que aprender de la experiencia y poner en juego todos sus activos; y también como el individuo, debe guiar, no sólo administrar, para que pueda cumplir su promesa.

Henry Ford fue un líder de visión extraordinaria. Esa visión se hizo manifiesta en la Ford Motor Company. Pero la visión, como el mundo mismo, es dinámica, no estática, y tiene que ser renovada, adaptada, ajustada. Y cuando se vuelva muy vaga, hay que abandonarla y reemplazarla.

Así como ninguna gran pintura ha sido creada por un comité, tampoco una gran visión ha salido del rebaño. La Ford Motor Company prosperó a base de la visión de su fundador hasta que ésta se le acabó; pero hoy la Ford es impulsada por una nueva visión, producto no de un solo hombre sino de varios individuos que actúan de común acuerdo. Podría decirse que su banda de un solo instrumento fue reemplazada por un cuarteto de cuerdas: una junta de líderes que trabajan en armonía en pos de un ideal común.

Sólo un puñado de organizaciones han empezado siquiera a aprovechar su recurso más valioso, sus empleados, y muchas menos han empezado a proporcionarles los medios de hacer lo que son capaces de hacer. En algunos casos han hecho todo lo contrario, olvidando la lealtad debida a los trabajadores, podando en vez de cultivar, y concentrándose casi exclusivamente en la obtención de utilidades. El resultado ha sido lo que el *New York Times* llama "una generación de administración desalmada". Este tipo de administración tal vez logre detener el cambio durante algún tiempo, pero a la larga sólo el liderazgo visionario puede triunfar.

En *Thriving on Chaos,* Tom Peters dice que las organizaciones que con el tiempo prosperan tienen ciertas características en común:

- Una estructura más plana, menos jerárquica.
- Unidades más autónomas.
- Orientación hacia servicios y bienes de alto valor agregado.
- Controles de calidad.
- Controles de servicio.
- Sensibilidad.
- Rapidez de innovación.
- Flexibilidad.
- Trabajadores muy entrenados y hábiles que trabajan con la cabeza no menos que con las manos.

- Líderes en todos los niveles, más bien que gerentes.

Estos líderes acometen nuevas tareas en su organización, tareas no imaginadas hace una generación y ahora vitales, entre ellas:

- Definir la misión de la compañía, de modo que se puedan enmarcar sus actividades e informar a la fuerza laboral.
- Crear un ambiente flexible, en el cual a las personas las aprecien, las estimulen para que desarrollen todo su potencial y las traten como a iguales más bien que como a subalternas.
- Darle nueva forma a la cultura corporativa, de suerte que la creatividad, la autonomía y el aprendizaje continuo reemplacen al conformismo, a la obediencia y a la rutina; y tener como meta el crecimiento a largo plazo, no las utilidades a corto plazo.
- Transformar la organización, de pirámide rígida a círculo flexible o a una red de unidades autónomas en permanente evolución.
- Estimular la innovación, la experimentación y el riesgo.
- Anticipar el futuro leyendo el presente.
- Hacer nuevas conexiones en la organización y nuevas relaciones entre la fuerza laboral.
- Hacer nuevas alianzas fuera de la organización.
- Estudiar constantemente la organización, tanto desde fuera como desde dentro.
- Identificar eslabones débiles en la cadena y repararlos.
- Pensar a escala mundial, no nacional o local.
- Identificar necesidades nuevas y sin precedentes de la fuerza de trabajo y responder a ellas.
- Anticiparse a actuar, no contentarse con reaccionar, y aprender a manejar la ambigüedad y la incertidumbre.

En suma, Peters describe un mundo de personas que guían, no sólo administran.

Para tener éxito en este ambiente cambiante, los líderes tienen que ser creativos e interesarse; pero ni la creatividad ni el interés ocupan un renglón muy alto en la agenda de muchas corporaciones, o por lo menos no tan alto como la atención a los costos. Los verdaderos líderes deben ser estrategas mundiales, innovadores, maestros en tecnología, todo lo cual exige nuevos conocimientos y comprensión que muy pocas compañías proporcionan o siquiera estimulan. Albert Einstein dijo: "El mundo que hemos hecho, como resultado del nivel de pensamiento a que hemos llegado hasta ahora, crea problemas que no podemos resolver al mismo nivel que los creamos". O, como lo expresó un amigo mío: "A veces la única manera de hacer que funcione la máquina de coca-cola es darle una patada".

Hemos hablado de personas que después de varios fracasos triunfaron porque aguantaron unos cuantos puntapiés. Esta experiencia puede abrirle a uno los ojos. Cuando yo hacía mis estudios de postgrado en MIT, en el curso de psicología clínica, tenía que ir a un hospital psiquiátrico de Boston y dirigir el tratamiento de un paciente a quien visitaba semanalmente. La primera vez que fui, le tendí la mano, y el paciente respondió dándome un puntapié en la espinilla. Entonces tuve que revisar todas mis ideas sobre etiqueta social a un nivel nuevo y diferente. De igual manera, las organizaciones necesitan hoy un buen puntapié para que abran los ojos y actualicen sus supuestos.

Gandhi dijo: "Nosotros tenemos que ser el cambio que queremos ver en el mundo". A medida que las organizaciones se transforman, transforman el mundo. Hasta el momento, ellas han hecho mucho más por paralizar el liderazgo que por fomentarlo.

Me parece que ya hemos hablado de todas las formas de desaliento y de sus efectos. Pasemos, pues, a preguntarnos cómo hacen las compañías para estimular el liderazgo. Como ya vimos, la base del liderazgo es aprender, y en especial aprender por experiencia. En su libro *Lessons of Experience*, Morgan W. McCall, Jr., Michael M. Lombardo y Ann M. Morrison informan que, habiéndoles preguntado a altos ejecutivos qué consejos les darían a ejecutivos más jóvenes, surgieron tres temas básicos:

1. Que aprovechen todas las oportunidades.
2. Que busquen con empeño significados.
3. Que se conozcan a sí mismos.

Estos son, desde luego, los mismos temas que plantearon los líderes con quienes yo conversé. Por consiguiente, la organización debe proporcionarles a sus empleados experiencias que les permitan aprender y finalmente guiar.

Los líderes no se forman en cursos que proporcione la corporación, ni en los cursos universitarios, sino por la experiencia. Por tanto, lo que se necesita no son instrumentos como "planificación de la carrera profesional" ni cursos de capacitación, sino que la organización se encargue de brindarles a los líderes potenciales oportunidades de aprender por experiencia en un ambiente que permita el crecimiento y el cambio. De dientes afuera, las organizaciones se interesan en el desarrollo de líderes, pero un estudio realizado por Lyman Porter y Lawrence McKibbon mostró que sólo el diez por ciento de las compañías estudiadas dedicaban algún tiempo a ello.

Esto tiene que cambiar. Estas son las maneras en que las organizaciones pueden fomentar y estimular el aprendizaje.

Dar oportunidad = facultar

Hay que brindarles a los ejecutivos oportunidades de liderazgo desde el principio de su carrera, porque así se estimula la acción, se crea un espíritu de que las cosas sí se pueden hacer y se infunde confianza en sí mismo. Entre dichas oportunidades se incluyen trasladar personal de línea a la administración para utilizar, poner a prueba y desarrollar habilidades estratégicas, conceptuales y tácticas; asignar grupos de trabajo *ad hoc* para revisar y corregir viejas políticas — o formular nuevas políticas — cargos conflictivos y cargos en el exterior.

Los proyectos especiales también son excelentes campos de ensayo. Por ejemplo, la empresa de teléfonos PacBell mandó en 1984 sendos equipos de técnicos a instalar sistemas temporales de comunicación en la Convención Nacional Democrática y en los Juegos Olímpicos de Los Angeles. En ambos casos debían inventar, improvisar e idear maneras de que dichos sistemas funcionaran con toda eficiencia, y tenían que hacerlo con serias limitaciones de tiempo. Por encima de todo, tenían que producirle utilidades a la compañía.

Fue una experiencia reveladora para todos los que tomaron parte en ella, pues lo que se le exigía al personal equivalía a proyectar, construir y operar un sistema telefónico muy perfeccionado y con capacidad como para servir a una ciudad pequeña, empezando de cero y en un tiempo muy corto. Luego tenían que desmantelarlo con igual rapidez y eficiencia. Habiendo cumplido con éxito su cometido, estos individuos experimentaron en sí mismos un cambio fundamental. Los habían sometido a una prueba extraordinaria y habían salido airosos de ella. Según PacBell, a los miembros de los equipos los transformó esta experiencia en líderes potenciales.

Otras corporaciones han ideado maneras ingeniosas de probar y madurar a sus ejecutivos, de acuerdo con McCall y sus colaboradores. Entre ellas se cuentan:

1. Concentraciones de capital de especulación para permitirles a los líderes potenciales iniciar nuevas entidades.
2. Entregarles a los jóvenes gerentes negocios de margen bajo.
3. Conservar negocios que estén en dificultades y darles a posibles líderes la oportunidad de hacerlos producir satisfactoriamente.

En la mayoría de los casos, nueva gente aporta nuevas ideas y maneras de hacer las cosas, de modo que los negocios que andan mal, las áreas estancadas, el personal renuente, pueden ser reavivados nombrando a un joven ejecutivo con autoridad para conducir, no sólo administrar.

De igual modo, si se trata de un nuevo proyecto — ya sea la creación de una nueva división, un nuevo producto, un nuevo servicio o una nueva campaña de marketing — por lo menos hay que incluir a los ejecutivos jóvenes en el equipo, o, mejor aún, encargarlos del proyecto. Este saldrá ganando con la perspectiva original que ellos puedan aportar, y ellos a su vez aprenderán con la experiencia de crear algo desde el principio.

Robert Townsend, el líder iconoclasta que puso en pie la compañía de alquiler de automóviles Avis, insistía mucho en que los ejecutivos debían conocer el negocio de abajo arriba y desde el punto de vista del cliente. Todo ejecutivo de Avis tenía que ponerse la chaqueta encarnada de la compañía y trabajar con regularidad en las estaciones de entrega de vehículos. De modo análogo, el gran compositor y director alemán Gustav Mahler les exigía a todos los miembros de su orquesta sinfónica que de cuando en cuando fueran a sentarse con el público para que aprendieran cómo se oía y se veía desde el punto de vista del auditorio. Clifton Wharton, presidente y jefe ejecutivo de

TIAA-CREF, dijo: "Se conoce a los que tienen potencial a medida que van ascendiendo por las filas. Es importante cultivar ese potencial y ayudarles a surgir. No hay ninguna uniformidad obvia en cuanto a tipos de personalidad o modelos, pero sí existen semejanzas fundamentales, una de las cuales es tener una especie de sexto sentido que le dice a uno cómo se hace para que las cosas funcionen. Algunas personas sencillamente parece que lo saben, tienen la comprensión y la capacidad de ofrecer una visión. Tienen la dedicación y el entusiasmo necesarios para llevar a cabo lo que quieren".

La rotación de oficios es otra manera de darles a los jóvenes ejecutivos la oportunidad de conocer más la organización, y de verla con otra perspectiva. Hoy es práctica común que el personal de marketing intervenga en planificación de productos, pero también deben los diseñadores y planificadores de productos salir al mercado. Otras áreas en que debe haber rotación de los ejecutivos jóvenes son planificación a largo plazo, negociaciones con clientes, ventas, y cargos en el exterior.

Cuanto más valioso sea lo que está en juego, tantas más oportunidades habrá para aprender: y, desde luego, más oportunidades también para fracasar y cometer errores. Pero, como se ha visto, fracasos y errores son fuentes principales de vital experiencia. Y casi todos los líderes con quienes conversé dijeron que no puede haber crecimiento sin riesgos ni progreso sin equivocaciones. En realidad, si uno no se equivoca es porque no se está esforzando lo suficiente. Pero así como los errores son necesarios, también lo es una sana actitud organizacional frente a ellos. En primer lugar, hay que estimular la disposición a correr riesgos; en segundo lugar, los errores deben verse como parte integral del proceso y considerarlos como una cosa normal, no anormal; y en tercer lugar, lo que hay que hacer después es tomar medidas correctivas, no de censura.

La aviadora Brooke Knapp dijo: "Hay dos clases de personas: las que se paralizan de miedo, y las que aun sintiendo miedo siguen adelante. La vida no es una cuestión de limitaciones sino de opciones". Una sana cultura organizacional fomenta la fe en las opciones.

En este mismo campo, como lo hemos visto y como encontraron también Morgan McCall y sus colaboradores, los líderes potenciales aprenden tanto de los jefes difíciles como de los jefes buenos, y quizá más. Pero el *feedback* es siempre más productivo que los enfrentamientos y la honestidad es siempre mejor y más aleccionadora que amabilidades sin sentido.

Todas las organizaciones, y especialmente las que están creciendo, andan por una cuerda floja entre estabilidad y cambio, tradición y revisión. Por consiguiente, deben disponer de alguna manera de reflexionar sobre su propia experiencia y de proporcionarles a sus empleados estructuras reflexivas.

Significado = Compromiso

Los ejecutivos encuestados por McCall y sus colegas dijeron que, si bien la idea de mentores era buena como idea, en la práctica no funciona muy bien, ya sea porque éstos no permanecen en un punto de la organización tiempo suficiente para sacar provecho de tal relación, o porque los llamados mentores son relativamente ineficientes. Pero la organización misma debe servir de mentor; su conducta, su tono y su ritmo instruyen, en forma positiva o negativa, y sus valores humanos y gerenciales prevalecen. Si su significado, su visión, su propósito, su razón de ser, no están claros, si no recompensa a sus empleados en formas tangibles y simbólicas por el trabajo bien hecho, entonces sus estructuras de reflejo son inadecuadas, y prácticamente está volando a ciegas.

La visión corporativa opera en tres niveles: estratégico, que es la filosofía global de la organización; táctico, que es esa misma filosofía en acción; y personal, que es esa filosofía manifestada en la conducta de cada empleado. Si se quiere medir la eficacia, digamos, de una operación de venta al por menor, mídase la actitud de cualquier dependiente en cualquier tienda; si es mal educado, ignorante, inútil, lo más probable es que los altos ejecutivos sean ineptos o que les falte una visión coherente. Desarrollando un concepto de Emerson mencionado atrás, podemos decir que la organización es sólo la mitad de sí misma; la otra mitad es su expresión.

Como la reflexión es vital en todos los niveles y en todas las organizaciones, y como la extinción es una amenaza muy real en la atmósfera congestionada de nuestros días, todos los ejecutivos deben practicar las tres erres: retirarse, renovarse y regresar. El jefe ejecutivo de Apple, John Sculley, se tomó un año sabático. Ken Olson, jefe de Digital Equipment, se toma dos semanas de vacaciones todos los veranos y se va a remar en su canoa, lejos de teléfonos y de todo vínculo con su oficina. El procurador Jamie Raskin dijo: "Cuando termino todo mi trabajo y termino de hablar con todas las personas con quienes hablo, llegan esos momentos en que nada se me atraviesa y siento más intensamente las cosas que son verdaderas en mí". *Momentos en que nada se atraviesa.* Es en esos momentos cuando el significado empieza a hacerse patente, lo mismo que la comprensión, y nuevos interrogantes, y nuevos desafíos.

John Sculley resume así el asunto: "Las organizaciones pueden hacer muchas cosas para privarse de tener buenos líderes. Las raíces de su cultura, la burocracia de sus procesos, hacen que sea muy difícil ascender al rango de líderes vigorosos, incluso para las personas de talento". Pero las organizaciones también pueden hacer mucho por impulsar el surgimiento de los individuos de más talento. Así como el pensamiento debe preceder a la acción, la reflexión debe seguirle, tanto a nivel organizacional como personal.

Aprender = Conducir

Una organización, por definición, debe funcionar orgánicamente, lo cual significa que su propósito debe determinar su estructura, y no al contrario; y que debe funcionar como una comunidad más bien que como una jerarquía, y darles a sus miembros autonomía, junto con pruebas, oportunidades y recompensas porque, al fin y al cabo, una organización sólo es un medio, no un fin.

Como quiera que la liberación y el empleo total del potencial del individuo es la verdadera tarea de la organización, ésta debe atender al crecimiento y al desarrollo de sus miembros y debe encontrar la manera de ofrecerles oportunidades para el crecimiento y el desarrollo.

Esta es la misión fundamental de toda organización, y constituye el desafío principal para las organizaciones actuales.

10

Forjando el futuro

En una época de cambio radical, el futuro pertenece a los que siguen aprendiendo. Los que ya aprendieron se encuentran equipados para vivir en un mundo que ya no existe.

Eric Hoffer
citado en
Vanguard Management

Empecé este libro con un capítulo sobre el dominio del contexto, y me gustaría terminarlo de la misma manera. Presenté dos casos, el de Ed, que se rindió al contexto, y el de Norman Lear, que lo dominó. Usted quizá recuerde que la junta directiva que al fin se negó a ascender a Ed buscaba un líder que tuviera seis cualidades: competencia técnica (que Ed sí tenía), don de gentes, habilidades conceptuales, buen juicio, buen gusto y carácter. Todas éstas son cualidades importantes, y yo creo que la junta estaba bien orientada; pero vivimos en una época complicada, y a los líderes del mañana les van a exigir más aún. En su correspondencia epistolar con Thomas Jefferson, Abigail Adams escribió: "Estos son tiempos duros en que a un genio le gustaría vivir... Las grandes necesidades producen grandes líderes".

Para dominar el ambiente competitivo, el líder tiene que entender primero los desafíos de los años 80 y 90. John Gardner, fundador de Common Cause, dijo que líderes son los que entienden la cultura contemporánea, aun cuando gran parte de esa cultura esté latente y exista sólo en la mente y en los sueños de las personas, o en su subconsciente. Pero comprender es apenas el primer paso. Los líderes del futuro serán los que den el segundo paso: modificar la cultura. Repitiendo la idea de Kurt

Lewin, cambiando una cosa es como uno llega a comprenderla realmente.

Aquí y ahora necesitamos tales conductores. Hemos perdido nuestra capacidad competitiva. Los salarios reales vienen disminuyendo desde 1972, lo mismo que la productividad. Nuestro genio inventivo no tiene rival, pero hemos perdido la capacidad de fabricar y comercializar con exito nuevos productos. Lo que nosotros inventamos, el Japón y Corea nos lo venden a nosotros mismos.

Se presentan crisis continuas en la educación pública, en el cuidado de la salud y en el gobierno. A veces parece que los bandidos se hubieran apoderado de Washington y de Wall Street. Los Estados Unidos fueron en un tiempo un gigante industrial; hoy su negocio principal es servicios, pero el servicio nunca había sido peor. Un número creciente de personas sin techo vagan por las calles de esta tierra de plenitud, y nadie sabe qué hacer con ellas. Pandillas de maleantes se imponen por la fuerza en los sectores marginados de nuestras ciudades.

Para que los Estados Unidos recuperen su supremacía y hagan frente a sus millares de problemas y los resuelvan, líderes de verdad, no copias, deben mostrar el camino. Donald Alstadt, jefe ejecutivo de Lord Corporation, dijo que el filósofo es rey — no el cacique ni el mandarín — porque la historia demuestra que tarde o temprano las ideas arraigan. *La Republica* de Platón existe, según Alstadt, aun cuando no en la forma que Platón imagino. Las ideas, por supuesto, son las cartas de triunfo de un líder — la forma en que el líder saca visión del caos.

El caos nos rodea por todas partes, pero el líder sabe que el caos es el principio, no el fin; que es la fuente de energía y de impulso.

Rosabeth Moss Kanter describe el actual ambiente caótico en *When Giants Learn to Dance*, obra que se refiere a las maneras de dominar los problemas de estrategia, administracion y carreras en el decenio de los 90:

- Pensar estratégicamente e invertir en el futuro, pero con perseverancia.
- Tener espíritu empresarial y correr riesgos, pero no gravar a la compañía fracasando.

- Continuar haciendo mejor aún lo que se hace en la actualidad, y dedicar más tiempo a comunicarse con los empleados, prestar servicio en equipos y lanzar nuevos proyectos.
- Conocer todos los detalles de su negocio, pero delegar mas responsabilidad.
- Dedicarse apasionadamente a "visiones" y comprometerse fanáticamente a llevarlas a cabo, pero siendo flexible, sensitivo y capaz de cambiar de dirección rápidamente.
- Hablar, ser un conductor, fijar la direccion, pero participando, escuchando, cooperando.
- Lanzarse de todo corazon a la actividad empresarial y trabajar las largas horas que ello exige, y mantenerse en buena forma.
- Triunfar, triunfar, triunfar. . . y criar hijos magníficos.

Diez factores del futuro

¿Cómo aprende un líder a transmutar el caos? ¿Cómo aprende no sólo a aceptar el cambio y la ambigüedad, sino a prosperar con ellos? Hay diez factores, diez características personales y organizacionales para hacer frente al cambio, forjar un futuro nuevo y crear organizaciones de aprendizaje.

1. *Los líderes administran el sueño.* Todo líder tiene la capacidad de crear una vision convincente, que lleva a la gente a un lugar nuevo, y luego convertir esa visión en realidad. No todos los líderes con quienes conversé tenían las diez características que voy a describir, pero ésta sí la tenían todos. Peter Drucker dijo que el primer deber del líder es definir la misión. Max De Pree escribe en *Leadership Is an Art:* "La primera responsabilidad de un líder es definir la realidad. La última es dar las gracias. En el medio el lider es un sirviente".

La administración del sueño se puede dividir en cinco partes. La primera es comunicar la visión. Jung dijo: "Un sueño que no se entiende queda como un simple suceso; cuando se entiende, pasa a ser una experiencia vital". Jim Burke dedica el cuarenta por ciento de su tiempo a comunicar el credo de Johnson & Johnson. Más de ochocientos gerentes han asistido a reuniones en las cuales estudian renglón por renglón el credo del general Johnson para ver que modificaciones necesita. En el transcurso de los años se han hecho algunos cambios fundamentales; pero, al igual que la Constitución de los Estados Unidos, el credo sigue en pie.

Las otras partes básicas de la administración del sueño son reclutamiento meticuloso, recompensas, reentrenamiento y reorganización. De todas las cinco partes da ejemplo Jan Carlzon, jefe ejecutivo de SAS.

La visión de Carlzon era colocar a SAS entre las cinco o seis aerolíneas internacionales que quedarán en 1995 (él cree que entonces no quedarán más, y probablemente tenga razón). Para ello se propuso dos metas; la primera, hacer que SAS sea el uno por ciento mejor que sus competidoras de cien maneras distintas; la segunda, crearle un nicho en el mercado. Escogió para esto último a los que viajan por negocios, por considerar que constituyen el nicho más remunerativo, más bien que estudiantes universitarios, o grupos de turistas reunidos por agencias de viajes, o cualquier otra de las diversas posibilidades. Para atraer a los hombres de negocios, tenía que hacer que todos los contactos de éstos con empleados de SAS fueran gratificadores, que todos fueran positivos en sus resultados y que se llevaran a cabo con eficiencia y cortesía. Calculó que diariamente se verificaban 63 000 contactos entre empleados de la aerolínea y clientes actuales o potenciales. Llamó estos contactos "momentos de verdad".

Carlzon preparó un maravilloso libro de dibujos, *The Little Red Book*, para comunicarles a los empleados la nueva visión de SAS, y estableció en Copenhague un colegio corporativo para prepararlos. Además, ha desburocratizado toda la organización. El organigrama de la compañía ya no tiene forma de pirámide; parece más bien una serie de círculos, una galaxia. En efecto, el libro, que se titula *Moments of Truth*, llevaba en sueco, su idioma original, el de *Destruyendo las Pirámides*.

Uno de los círculos, o segmentos organizacionales, es la ruta Copenhague-Nueva York. Todos los pilotos, navegantes, ingenieros, asistentes de vuelo, encargados de equipajes, agentes de reservas — en fin, todo el que tenga algo que ver con esa ruta — forma parte de un grupo de administración autónoma, con un plan de participación en las utilidades, de manera que todos se benefician de cualquier aumento de ganancias que produzca la ruta. Hay igualmente un segmento organizacional Copenhague-Francfort. Toda la compañía está estructurada en función de estos pequeños grupos igualitarios.

El jefe ejecutivo de la General Electric, Jack Welch, dice: "La idea del jefe que llega a ser jefe porque conoce un hecho más que la persona que trabaja para él, es la del gerente de ayer. El del mañana conduce mediante una visión, una serie de valores compartidos, un objetivo compartido". La cualidad que mejor define al líder es su capacidad de crear y realizar una visión. Yeats dijo: "En los sueños empieza la responsabilidad". Tener visión es soñar despierto. La responsabilidad del líder es transformar la visión en realidad; y al hacerlo, transforma su dominio, cualquiera que éste sea: o una película, o la industria de informática, o el país mismo.

2. *Los líderes abrazan al error.* La bella frase de Donald Michael, consultor de administración, resume la experiencia de aquellos que, como Barbara Corday, no temen cometer equivocaciones y las admiten cuando las cometen. Como Jim Burke, crean una atmósfera en que se estimula a los empleados a correr riesgos; como Sydney Pollack, les dicen a los que trabajan con ellos que el único error es no hacer nada; como Karl Wallenda en sus buenos tiempos, andan por la cuerda floja sin temor de caerse. Como lo dijo el entrenador de baloncesto de la Universidad de California, John Wooden: "Fracasar no es un pecado; es apuntar demasiado bajo".

3. *Los líderes estimulan la réplica reflectante.* Norbert Wiener me dijo: "Yo nunca sé lo que digo hasta que oigo la respuesta". Todos los líderes saben que es importante tener en su vida alguna persona que les diga la verdad. Uno de los descubrimientos más interesantes que hice en mis entrevistas para *Líderes* fue que casi todos los jefes ejecutivos, hombres y mujeres, estaban casados con su primer cónyuge. La explicación puede ser que la mujer o el marido son las personas en quienes pueden confiar de manera absoluta. La réplica del cónyuge, la persona en quien se confía, es reflectante porque le permite al líder aprender, descubrir algo más acerca de sí mismo.

4. *Los líderes estimulan la disensión.* Este es el corolario organizacional de la réplica reflectante. Los líderes necesitan rodearse de personas que tengan opiniones distintas de las suyas,

que actúen como el abogado del diablo, y que, siendo "sensibles a las variantes", les puedan señalar la diferencia que hay entre lo que se espera y lo que realmente va a ocurrir.

En realidad, hay dos tipos de líderes: los que contratan espejos que simplemente reflejan sus opiniones y sus deseos, y los que contratan compensadores, personas que tienen puntos de vista complementarios acerca de la organización y de la sociedad. John Sculley, que es un visionario, contrató a un gran gerente como jefe de operaciones. Pero aun cuando se cuente con tales compensadores, no es fácil lograr que hablen. Sam Goldwyn, después de seis fracasos de taquilla consecutivos, reunió a los miembros del personal ejecutivo y les dijo: "Quiero que me digan exactamente qué es lo que estamos haciendo mal, yo y la MGM... aun cuando les cueste el puesto". Las personas que rodean a un líder conocen muy bien lo que consideran el peligro de hablar claro. Hace casi treinta años Nikita Khruschov visitó los Estados Unidos y recibió a los periodistas en rueda de prensa en Washington. La primera pregunta, transmitida por medio de un intérprete, fue: "Hoy habló usted del odioso régimen de su antecesor, Stalin. Durante esos años usted fue uno de sus íntimos ayudantes y colegas. ¿Qué hacía *usted* entonces?" Khruschov enrojeció de cólera. "¿Quién pregunta eso?" rugió. Los quinientos corresponsales reunidos en el salón agacharon la cabeza. "¿Quién pregunta eso?" insistió. Silencio. Entonces dijo: "Eso era lo que yo hacía". Lo trágico en muchas organizaciones es que los funcionarios dejan que los líderes cometan errores, aunque sepan que éstos están equivocados.

Para contrarrestar esta tendencia, los líderes tienen que ser como Max De Pree, jefe ejecutivo de Herman Miller, que se abandona a las nuevas ideas ajenas; o como Barbara Corday, quien fomenta la disensión mezclándose con su personal de ejecutivos. Viéndola en un salón con sus colaboradores, uno no la señalaría como la jefa, si no la conociera.

D. Verne Morland sostiene que los jefes ejecutivos deben escoger a alguien específicamente para el papel de disidente. En un artículo titulado "El bufón de Lear" describe el oficio de este empleado, que dependería directamente del jefe. La función básica del bufón es como sigue: "Perturbar con vislumbres de verdades que confunden y que escapan a una formulación racional. Anunciar el advenimiento de transformaciones cósmicas y captar su significado. Cuestionar con gracejos y acertijos todo lo que es sagrado y todo lo que los sabios han probado que es verdadero e inmutable". Todo conductor necesita, como el rey Lear, por lo menos un bufón.

5. *Los líderes tienen el Factor Nobel:* optimismo, fe y esperanza. Uno de los ejecutivos a quienes entrevisté para *Líderes* se manifestó seguro de que si él hubiera sido un científico, habría ganado el Premio Nobel, porque se sentía capaz de hacer cualquier cosa, y les comunica ese optimismo a las personas que lo rodean. Ronald Reagan es un buen ejemplo de ese optimismo ilimitado. Richard Wirthlin, quien le hacía las encuestas de opinión, cuenta que una vez se vio en el caso de darle una mala noticia: la popularidad del presidente, que llegó a su más alto nivel con ocasión del atentado de que fue víctima y que por poco le cuesta la vida, había caído a un nivel ínfimo un año después de aquel episodio. Normalmente, Wirthlin nunca entraba solo a hablar con Reagan, pero esta vez nadie quiso acompañarlo. En cuanto Reagan lo vio solo, le dijo: "A ver, ¿qué mala noticia me trae?" Wirthlin le informó. No sólo había descendido gravemente su popularidad después de la tentativa de asesinato, sino que había llegado al nivel más bajo jamás registrado en la historia de las encuestas para cualquier presidente en su segundo año de gobierno. "Vamos, Dick", le dijo Reagan; "no se preocupe tanto. Yo trataré de hacerme asesinar otra vez".

El optimismo y la esperanza proporcionan opciones. Lo contrario de esperanza es desesperanza, y cuando desesperamos es porque sentimos que no hay opción. El presidente Carter se hundió con su discurso del "malestar". Pensó que se estaba mostrando sincero, pero nosotros pensamos que no nos dejaba más alternativa que la desesperanza. La visión que el líder tiene del mundo es siempre contagiosa. Carter nos deprimía. Reagan, cualesquiera que fueran sus defectos, nos infundía esperanza.

Otro ejemplo de optimismo ilimitado de los que tienen el Factor Nobel es el comediante George Burns, quien dijo una vez: "No me puedo morir; estoy contratado".

Y un viejo proverbio chino dice: "Que las aves de la ansiedad vuelen sobre tu cabeza, es cosa que no puedes cambiar; pero que aniden en tu cabello, eso sí lo puedes evitar".

6. *Los líderes entienden el efecto Pigmalión en la administración.* En la comedia de este nombre, de George Bernard Shaw, Eliza Doolittle se casa con Freddy Eynsford-Hill porque sabe que para el profesor Henry Higgins ella siempre será una humilde florista. Sabe que él jamás aceptará el cambio operado en ella sino que la seguirá viendo tal como era antes. Eliza le explica a Freddy: "La diferencia que hay entre una dama y una florista no está en cómo se maneje ella sino en cómo la traten. Para el profesor Higgins siempre seré una florista porque como florista me trata y me tratará siempre; pero para ti sí puedo ser una dama porque como dama me tratas y me tratarás siempre".

J. Sterling Livingston aplica el efecto Pigmalión a la administración en esta forma:

- Lo que el gerente espera de sus subalternos y la manera de tratarlos determina en gran parte el desempeño y el progreso de ellos en su carrera.
- Una característica exclusiva de los buenos gerentes es la capacidad de crear altas expectativas de desempeño que los subalternos cumplen.
- Los gerentes menos eficientes no llegan a desarrollar expectativas similares, y, en consecuencia, la productividad de sus subalternos se perjudica.
- Los subalternos generalmente hacen lo que creen que se espera de ellos.

Los líderes esperan lo mejor de las personas que los rodean. Saben que esas personas cambian y maduran. Si uno espera grandes cosas, sus subalternos se las proporcionarán. Jaime Escalante estaba seguro de que sus estudiantes en una escuela secundaria de un barrio marginado de Los Angeles sí eran capaces de aprender el cálculo diferencial. Y lo aprendieron.

Al mismo tiempo, los líderes son realistas en lo que a expectativas se refiere. Su lema es: estirar, no forzar. Imagínese usted que se está preparando para los Juegos Olímpicos. Si en el partido de hoy se lastima un músculo por un esfuerzo violento, se sienta en el banco y espera al juego de mañana.

El ex presidente de Lucky Stores, Don Ritchey, dice: "Una de las verdaderas responsabilidades de un gerente es fijar normas para los demás, expectativas. Es una gran responsabilidad porque si las fija muy bajas es un desperdicio, no sólo para la organización sino también para el individuo; pero si las fija tan altas que nadie las pueda alcanzar, acaba con la persona y con la organización. No quiero decir que no pueda haber ocasiones en que no todos alcancemos la meta; pero si las cosas se estructuran de tal manera que la persona falle siempre, eso es perjudicial... Pienso que lo ideal sería estirar a las personas un poco, pero no dejarlas que se queden cortas demasiadas veces".

7. *Los líderes tienen lo que yo llamo el Factor Gretzky,* un cierto "toque". Wayne Gretzky, el mejor jugador de hockey de esta generación, dice que no es tan importante saber dónde está el disco ahora como saber dónde va a estar. Los líderes tienen ese sentido de dónde va a estar la cultura, dónde debe estar la organización para que pueda crecer. Si no lo tienen al principio, lo tienen ya cuando llegan.

Elizabeth Drew describió un fenómeno parecido en política, refiriéndose específicamente a la campaña presidencial de 1988: "Muchos se preguntaban por qué Dukakis no arremetió fuertemente contra Bush, en forma que todos pudieran entender, por haber dudado de su patriotismo. Esto tiene que ver con su intuición. A pesar de haberse dedicado a la política desde hace tanto tiempo, Dukakis mostró una curiosa falta de sentido político, de espontaneidad, de saber exactamente lo que se debe hacer en el momento oportuno, de olfato. Un presidente debe tener olfato, pero ninguno de los dos candidatos lo tenía. (Lloyd Bentsen, compañero de Dukakis como candidato a la vicepresidencia, sí tenía olfato y resultó ser un competente director de campaña.)"

8. *Los líderes ven a lo lejos.* Tienen paciencia. Armand Hammer, a los ochenta y nueve años de edad, dice que ahora sólo hace planes a diez años vista porque quiere estar vivo para alcanzar a ver qué pasa. Barbara Corday a los cuarenta y tres años sabía que tenía tiempo para buscar otro empleo, o hasta otra carrera. Los japoneses tienen una paciencia increíble: una compañía que conozco tiene un plan para 250 años.

En un reciente artículo de *Fortune,* se asegura que hasta Wall Street a veces recompensa una perspectiva a largo plazo. Michael Eisner, de Disney, mandó a Robert Fitzpatrick a Francia como director del nuevo proyecto EuroDisney, anticipándose a la realización del Mercado Común Europeo en 1992. Eisner se ha visto ciertamente recompensado por el alza de las acciones de Disney. CalFed también se está preparando para lo que puede ser el mercado común más grande del mundo. CalFed ya tiene un banco en Inglaterra y proyecta establecer otros en Bruselas, Barcelona, París y Viena.

9. *Los líderes comprenden que hay intereses creados.* Saben que es preciso equilibrar las pretensiones encontradas de los diversos grupos que tienen interés en la compañía. En su libro *Vanguard Management*, Jim O'Toole dice que el equilibrio de intereses es el más importante de los principios que siguen las mejores compañías. Cita a Thornton Bradshaw, ex presidente de Arco:

> *En todas las decisiones que se toman en mi escritorio influyen uno o más de los siguientes factores: su posible repercusión en la opinión pública; la reacción de los grupos ambientalistas; el posible impacto en otros grupos activistas: de consumidores, de reforma tributaria, antinucleares, prodesiertos, prorrecreación, etc.; las limitaciones gubernamentales — Comisión Federal de Comercio, Dirección de Protección Ambiental, Ley de Seguridad Ocupacional, Comisión de Comercio Interestatal — y los reglamentos de Estados y municipios; su efecto en la inflación y en el programa antiinflacionario del gobierno; las actitudes de los sindicatos; el cartel de la OPEP. Y, por supuesto (casi lo olvido), las utilidades económicas esperadas, el grado de riesgo, el problema de conseguir fondos en un mercado competitivo, la capacidad de nuestra empresa y — cuando quede tiempo — la competencia.*

Como los líderes tienen conciencia del equilibrio de intereses, se cuidan del Síndrome de Dick Ferris. Ferris, que era la cabeza de United Air Lines (UAL), tenía una visión: una visión calidoscópica de una organización que prestara un servicio total, no limitada a llevar a los pasajeros al lugar a donde querían ir sino también dueña de las limosinas que los recogían en los aeropuertos y dueña de los hoteles donde se hospedaran. Con este fin llegó incluso a cambiarle el nombre a la corporación. En vez de UAL el nuevo nombre sería Allegis. No significaba nada pero tenía estilo. Pero la visión de Ferris estaba distorsionada. Olvidó que había otros jugadores en el partido: el sindicato de pilotos y la junta directiva, para nombrar sólo dos. El no veía sino el mundo maravilloso fuera de la compañía, no lo que estaba ocurriendo en su inmediata vecindad. Los pilotos trataron de comprar la empresa, a la junta le dio un síncope, y cuando la rueda completó la vuelta, Ferris salió por la tangente y la compañía siguió siendo UAL como antes.

La realidad del mundo, la complejidad del ambiente inmediato, la necesidad de equilibrar los intereses creados, no se deben perder de vista en las glorias de la visión calidoscópica.

10. *Los líderes crean alianzas y asociaciones estratégicas.* Ellos ven el mundo globalmente y saben que ya no es posible esconderse. Los líderes sagaces del futuro reconocerán la importancia de hacer alianzas con otras organizaciones cuya suerte esté vinculada con la suya. Así, SAS trabaja con una aerolínea argentina y con Frank Lorenzo, y está buscando asociaciones con otras aerolíneas. La compañía noruega de correo expreso que tiene 3 500 empleados y es una de las más grandes del país, está formando una asociación con Federal Express de los Estados Unidos. El banco First Boston se ha unido al Credit Suisse para formar el FBCS. La GE firmó recientemente una serie de contratos de asociación con la GE de Gran Bretaña, vinculando cuatro divisiones de producto. A pesar del nombre, las dos compañías eran distintas. La GE de los Estados Unidos había pensado comprar a la GE inglesa, pero al fin prefirió la alianza a la adquisición.

Así es como prosperan estos líderes. Así es como forjan el futuro. ¿Y qué decir de los nuevos líderes? Los de la nueva generación tendrán ciertas cosas en común:

- Educación amplia.
- Curiosidad ilimitada.
- Entusiasmo sin límites.
- Fe en la gente y en el trabajo en equipo.
- Voluntad de arriesgarse.
- Dedicación al crecimiento a largo plazo, más bien que a las utilidades a corto plazo.
- Dedicación a la excelencia.

- Preparación.
- Virtud.
- Visión.

Al expresarse a sí mismos, harán nuevas películas, nuevas industrias y tal vez un nuevo mundo.

Si esto suena como un sueño imposible, considere usted esto: Es mucho más fácil expresarse que negarse a sí mismo. Y también mucho más gratificador.

Biografías

Herb Alpert y Gil Friesen

Alpert y Friesen son dos tercios del notable triunvirato que, con Jerry Moss, dirige la A&M. Alpert, que se crió en Los Angeles y asistió a la escuela secundaria Fairfax, situada a pocas cuadras de las oficinas de A&M, no sólo es un músico de talento que ha ganado varios discos de oro y Premios Grammy, sino también un líder industrial de gran inventiva, artista y jefe de la Fundación Alpert. Friesen, que empezó como gerente general, llegó a la presidencia de A&M en 1977. Después de ensanchar la mezcla musical de A&M, incluyendo una nueva división de música clásica, Friesen estableció la A&M Films en 1981. Algunas de las películas que ha hecho esta empresa son *Birdy*, *Breakfast Club* y *Bring on the Night*.

Gloria Anderson

Graduada de la Escuela de Periodismo de la Universidad de Texas y con un grado de máster en artes en la Universidad de Wisconsin, Gloria Anderson ha sido reportera de la AP, redactora del *Cincinnati Enquirer* y el *Charlotte Observer*, jefa de redacción de la agencia de noticias Knight-Ridder, y jefa de redacción del *Miami News*. Fue cofundadora del *Miami Today*, semanario de orientación comercial, y durante cuatro años actuo como su directora y coeditora. En 1981 y 1982 formó parte del jurado del Premio Pulitzer. Es la fundadora y la actual presidenta de Gazette Publishing Company y conferenciante del American Press Institute.

Anne L. Bryant

Nació en 1949 en Jamaica Plain, Massachusetts; tiene un grado de máster en inglés y un doctorado en educación. Ha actuado como decana auxiliar, como directora de la Fundación Nacional de Mujeres Banqueras, y como vicepresidenta, de la división de educación profesional, de P. M. Haeger and Associates, Inc., donde trabajó con el jefe ejecutivo en planificación y toma de decisiones financieras y estratégicas. Es casada y tiene dos hijos adoptivos.

James Burke

Nació en Rutland, Vermont, en 1925, y se graduó en el Holy Cross College. Recibió un máster en administración en la Escuela de Administración de Empresas de Harvard. Ingresó en Johnson & Johnson como director de producto en 1953, fue nombrado director de un nuevo producto en 1955, director y miembro del comité ejecutivo en 1965, presidente en 1973, y presidente de la junta directiva y jefe ejecutivo de la compañía en 1973.

Barbara Corday

Natural de la ciudad de Nueva York, Barbara Corday nació en el seno de una familia de gente de teatro. Su primer empleo lo consiguió con una pequeña agencia de espectáculos. Se hizo anunciante y después redactora de guiones, con su socia Barbara Avedon. En ocho años que trabajaron juntas produjeron muchos guiones para TV y series pilotos, y sirvieron también como consultoras ejecutivas para varias series. Su último proyecto en colaboración fue una película de televisión, "Cagney and Lacey", que sirvió de base para la famosa serie de TV. En colaboración con Ken Hecht, Barbara Corday creó también la novedosa serie "American Dream". Después de un tiempo como ejecutiva de ABC-TV, ingresó en Columbia Pictures Television como productora independiente y presidenta de su propia compañía, Can't Sing, Can't Dance Productions. En 1984 fue nombrada presidenta de Columbia Pictures Television, y después presidenta y jefa ejecutiva de Columbia/Embassy Television, encargada de supervisar todos los aspectos de producción. Actualmente es vicepresidenta de programación en CBS, muy activa como miembro de la comunidad de Hollywood, y ha recibido premios por sus esfuerzos políticos y filantrópicos.

Horace B. Deets

Deets ascendió desde las filas en la Asociación Americana de Jubilados y fue elegido director ejecutivo por la junta a la edad de cincuenta años. Tomó parte en el desarrollo de "Modern Maturity TV", el programa semanal de televisión de la Asociacion. Antes de ingresar en esta empresa había trabajado con la Comisión de Igualdad de Oportunidad de Empleo. Se graduó en administración de empresas en el St. Bernard College, de Alabama, y tiene un máster de la Universidad Católica de Washington. Durante ocho años trabajó como maestro y administrador escolar en Carolina del Sur.

Robert R. Dockson

Natural de Illinois, Dockson obtuvo los grados de máster y de doctor en la Universidad del Sur de California. Después de cuatro años en la Marina durante la Segunda Guerra Mundial, enseñó en la Universidad Rutgers, y posteriormente actuó seis años como economista financiero. En 1954 fue nombrado profesor y jefe del departamento de marketing de la Universidad del Sur de California. En 1960 fundó las Escuelas de Pregrado y de Postgrado de Administración de Empresas en dicha universidad. Sirvió como decano de esta Escuela durante diez años. Ingresó en Cal/Fed en 1969 como vicepresidente de la junta y fue elegido presidente en 1970, jefe ejecutivo en 1973, y presidente de la junta directiva en 1977, puesto del cual se retiró recientemente. Desde hace tiempo ha sido muy activo en asuntos cívicos y sociales en Los Angeles y ha recibido muchos premios.

Richard Ferry

Ferry es cofundador, presidente y director de Korn/Ferry International, la principal firma de investigación de ejecutivos en el mundo. Desde su fundación, en 1969, Korn/Ferry ha tenido una tasa de crecimiento anual superior al treinta por ciento, y es la precursora de las prácticas de asesoría en especialización industrial y profesional. Ferry desarrolla también muchas actividades cívicas y de caridad, desde United Way y la Fundación Educativa de la Arquidiócesis de Los Angeles hasta el Centro Musical y la Cámara de Comercio de esa ciudad.

Betty Friedan

Autora y líder feminista, Betty Friedan se graduó *summa cum laude* en el Smith College y fue elegida miembro de la sociedad honorífica Phi Beta Kappa. Fue fundadora y primera presidenta de la Organización Nacional de Mujeres, organizó la Junta Política Nacional Femenina, el Congreso Internacional Feminista y el primer Banco de Mujeres, un grupo generador de ideas económicas. Actualmente pertenece a varios consejos y juntas, inclusive la de las Girl Scouts. Ha sido profesora visitante en varias universidades y hoy es una distinguida profesora visitante en la Escuela de Periodismo y Estudios del Hombre y de la Mujer en la Sociedad, en la Universidad del Sur de California. Betty Friedan es autora de *The Feminine Mystique* y *The Second Stage.* Su libro más reciente es *The Fountain of Youth.*

Alfred Gottschalk

Nació en Alemania en 1930; se trasladó a los Estados Unidos en 1939; sacó su grado en administración de empresas en el Brooklyn College, y sus grados de licenciado en artes, de doctor en derecho y de Ph.D. en la Universidad del Sur de California. En el Hebrew Union College obtuvo su licenciatura en letras hebreas; se hizo rabino, y siguió enseñando allí mismo, y asumió el cargo de rector de la institución en 1971. Ha escrito muchos libros y artículos, ha recibido múltiples distinciones y ha prestado servicios en diversos comités, juntas y comisiones, incluyendo la Comisión Presidencial para la Igualdad de Oportunidad en el Empleo, a fines de los años 60.

Roger Gould

Con su grado de médico de la Facultad de Medicina de la Universidad Northwestern y otro grado en salud pública, Gould hizo su internado en el Hospital del Condado de Los Angeles y completó su preparación como psiquiatra residente en el de la Universidad de California/Los Angeles. Actualmente es profesor adjunto de la clínica psiquiátrica en dicha universidad y presidente de Interactive Health Systems, entidad de investigación y desarrollo que diseña instrumentos terapéuticos de aprendizaje. Es autor de *Transformations: Growth and Change in Adult Life* (Simon & Schuster, 1978) y de muchos artículos.

Frances Hesselbein

Natural de Pennsylvania, Frances Hesselbein es la primera jefa ejecutiva de las Girl Scouts que haya subido desde las filas. Fue guía voluntaria, presidenta de consejo, y luego directora ejecutiva del Consejo de Girl Scouts de Talus Rock, cargo del cual pasó al que actualmente ejerce como directora ejecutiva nacional. *Savvy* la eligió como uno de los más altos ejecutivos de organizaciones sin ánimo de lucro en los Estados Unidos, y en 1984 recibió el primer Premio a la Mujer Empresaria por excelencia en administración de dichas organizaciones. Presta servicios en muchas juntas directivas y comités consultivos, y es miembro de la junta de visitantes del Centro de Administración Peter F. Drucker de la Escuela de Postgrado de Claremont.

Shirley Hufstedler

Nació en 1925 en Denver, Colorado; se graduó en derecho en la Universidad de Stanford, y se dedicó al ejercicio de la profesión en Los Angeles en 1950. Fue nombrada juez del Tribunal Superior del Condado de Los Angeles en 1961, y en 1966 magistrada asociada de la Corte de Apelaciones de California. En 1968 el presidente Johnson la nombró magistrada de la Corte de Apelaciones de los Estados Unidos para el Noveno Distrito, y en 1979 el presidente Carter la nombró secretaria de Educación. Después de dejar ese cargo, en 1981, volvió al ejercicio del derecho y a la enseñanza. Es socia de la firma de abogados Hufstedler, Miller, Carlson y Beardsley; pertenece a doce juntas directivas, ha recibido diversos premios, y es autora de muchos artículos para revistas profesionales. Se casó con Seth Hufstedler, también socio de la firma y ex presidente de la Asociación Americana del Foro.

Edward C. Johnson III

Después de graduarse en Harvard en 1954, Johnson ingresó en Fidelity Investments en 1957 como analista investigador y luego pasó a gerente de cartera del Fidelity Trend Fund. Actualmente es presidente de la junta y jefe ejecutivo de Fidelity Investments, y además presidente y director del Fidelity Group of Funds, presidente de la junta directiva de Fidelity International, Ltd.,

Fidelity International Investment Management, Inc., y del Fidelity Group of International Funds. Ha recibido grados honoríficos del Bentley College, de la Universidad de Boston, del Hobart College y del William Smith College.

Martin Kaplan

Kaplan nació en Newark, Nueva Jersey, en 1950. Es licenciado en biología molecular y máster y Ph.D. en literatura inglesa. Trabajó como redactor de discursos y ayudante especial para el vicepresidente Mondale, columnista del *Washington Star*, y periodista de National Public Radio. También prestó servicios como gerente de campaña delegado de Mondale y principal redactor de discursos durante la campaña presidencial de 1984. De 1985 en adelante, Kaplan ha sido vicepresidente de producción de películas de Walt Disney Pictures. Se casó con Susan Estrich, profesora de derecho en Harvard, que fue directora de la campaña de Michael Dukakis en 1988.

Brooke Knapp

Brooke Knapp, que es presidenta del Knapp Group, compañía privada de inversión, se graduó *summa cum laude* en la Universidad de California/Los Angeles; ha recibido dos doctorados honoríficos y el premio de la Administración Federal de Aviación por servicios extraordinarios, el Trofeo Harmon, el Premio de la Fundación J. H. Doolittle y el Premio F.A.I. Paul Tissandier. Ha establecido o batido más de cien marcas mundiales de velocidad aérea, inclusive la de mayor velocidad en la vuelta al mundo por aviones civiles. Actualmente preside la Comisión de Aviación y Aeropuertos de California.

Mathilde Krim

Mathilde Krim recibió un Ph.D. en genética, en Ginebra, Suiza, y ha trabajado en Weizman Institute of Science, en Israel, en la Facultad de Medicina de la Universidad de Cornell y en el Instituto Sloan-Kettering para la investigación del cáncer, donde fue jefa del laboratorio Interferon. Contribuyó a la fundación y dirección de la Fundación Americana para la Investigación del SIDA (AMFAR), de cuyo comité científico consultivo forma parte. Ha sido muy activa en diversas organizaciones educativas y filantrópicas, y por designación presidencial ha prestado servicios en varios consejos y comisiones. En la actualidad es científica investigadora adjunta en el Centro Hospitalario St. Luke's-Roosevelt y en el Colegio de Médicos y Cirujanos de la Universidad de Columbia. Se casó con Arthur B. Krim, presidente de la junta directiva de Orion Pictures Corporation.

Norman Lear

Productor, escritor y director de películas, cofundador de People for the American Way, Lear nació en 1922 en New Haven, Connecticut. Se educó en el Emerson College y sirvió en la Fuerza Aérea durante la Segunda Guerra Mundial. En 1945 entró a la TV como comediógrafo. Desde entonces ha escrito y producido muchas películas de cine y ha creado algunas de las series más originales de televisión de los Estados Unidos. Actualmente es presidente de la junta directiva y jefe ejecutivo de su propio miniconglomerado, Act III Communications, que desarrolla y produce películas teatrales y de televisión, publica siete revistas, tiene y opera cuatro estaciones de TV y dos cadenas de teatros.

Michael B. McGee

Como estudiante en la Universidad de Duke, McGee ganó en 1959 el Trofeo Outland por su brillante desempeño como jugador de fútbol, y además se graduó en administración de empresas en 1960. Fue contratado por los Cardinals de St. Louis, pero una lesión puso fin a su carrera como jugador y entonces pasó a ser entrenador auxiliar en Duke. Llegó luego a entrenador jefe a los 29 años; sacó un grado de máster y un Ph.D. y se dedicó a la administración de atletismo. En 1984 se trasladó a la Universidad del Sur de California como director atlético.

Sydney Pollack

Pollack nació en 1934 en Lafayette, Indiana. Ocho de sus catorce películas aparecen en la lista de las mejores de *Variety*. Sus películas han merecido cuarenta y tres postulaciones para premios de la Academia, incluso cuatro como la mejor película. El mismo Pollack ha sido postulado tres veces. Su película *Out of Africa* ganó siete Oscares, incluyendo los de la mejor película, el mejor director y el mejor guión. Ganó el premio de los Críticos Cinematográficos de Nueva York con su muy elogiada *Tootsie*. También ganó los premios de Golden Globe, de la National Society of Film Critics, el de Director del Año de la OTAN, y premios en los festivales de cine de Moscú, Taormina, Bruselas, Belgrado y San Sebastián. Entre sus películas premiadas figuran *They Shoot Horses, Don't They?*, *The Way We Were* y *Absence of Malice*. Pollack tiene su propia compañía de producción, Mirage.

Jamie Raskin

Natural de Washington, donde nació en 1962, Raskin ganó muchos premios en la escuela secundaria lo mismo que en Harvard, donde se graduó con honores. Una bolsa viajera le permitió dedicarse un año a escribir en Europa, antes de ingresar en la Facultad de Derecho de Harvard. Durante su época de estudiante escribió para varias publicaciones y sirvió como empleado del Congreso en las oficinas de los representantes John Conyers y James M. Shannon, y luego como asistente legislativo del alcalde de Washington, Marion Barry. Actualmente es procurador auxiliar en Boston.

S. Donley Ritchey

Ritchey se retiró siendo jefe ejecutivo de Lucky Stores, después de haber estado treinta y dos años con la compañía, en la cual ingresó en calidad de empleado de media jornada cuando era estudiante universitario. Tiene grados de bachiller y de máster de la Universidad Estatal de San Diego; dictó cursos de administración y de marketing, fue conferenciante visitante en la Universidad de California/Berkeley, ejecutivo residente del Programa de Administración de la Industria Alimentaria en la Universidad del Sur de California, y conferenciante invitado en Stanford. Actualmente pertenece a juntas directivas de varias compañías y fue elegido miembro del concejo de Danville, California.

Richard Schubert

Schubert nació en Trenton, Nueva Jersey; se educó en el Nazarene College, de Quincy, Massachusetts, y se graduó de la Facultad de Derecho de Yale en 1961. Inmediatamente entró a formar parte del cuerpo de abogados de la Bethlehem Steel. En 1971 fue nombrado fiscal de la Secretaría de Trabajo, y posteriormente subsecretario de Trabajo. En 1975 regresó a Bethlehem Steel, y cuatro años después fue nombrado presidente. Renunció en junio de 1982 y fue nombrado presidente de la Cruz Roja en enero de 1983.

John Sculley

Nació en Nueva York en 1939; cursó estudios en la Escuela de Diseño de Rhode Island, se graduó en la Universidad Brown y obtuvo su licenciatura en administración de empresas en la Facultad Wharton de la Universidad de Pennsylvania. Ascendió en el departamento de marketing de Pepsico hasta que fue elegido presidente y jefe ejecutivo de la compañía, en 1974. En 1977 fue nombrado presidente y jefe ejecutivo de Apple y es hoy también presidente de su junta directiva. Es miembro de varias juntas académicas y de servicio público. escribió una autobiografía, y frecuentemente habla sobre cómo preparar el mundo para el siglo veintiuno.

Gloria Steinem

Nació en el Oeste Medio, se graduó en el Smith College en 1956; pasó dos años en la India con una beca Chester Bowles, y se hizo periodista. Directora y fundadora de las revistas *New York* y *Ms*, autora de tres libros, organizadora de NOW, de la Junta Política Nacional de Mujeres, lo mismo que de otros grupos de defensa de los derechos femeninos, ha figurado desde hace más de diez años entre las mujeres más influyentes de los Estados Unidos. Actualmente es asesora editorial y colaboradora de *Ms*, dicta conferencias y, con frecuencia, se presenta en la TV y en la radio como entrevistadora y como vocera en cuestiones de igualdad de derechos.

Clifton R. Wharton, Jr.

Wharton es oriundo de Boston: ingresó a los dieciséis años en Harvard, donde obtuvo una licenciatura en historia. Siendo estudiante de pregrado en dicha universidad, fundó la Asociación Nacional de Estudiantes, de la cual fue secretario nacional. Recibió el grado de máster en asuntos internacionales en la Facultad de Estudios Internacionales Superiores de la Universidad Johns Hopkins, y el grado de licenciado y el de Ph.D. en economía en la Universidad de Chicago. Fuera de esto, tiene veintiséis grados honoríficos. Ha sido rector de la Universidad Estatal de Michigan y administrador del Sistema Universitario del Estado de Nueva York, y es actualmente presidente de la junta y jefe ejecutivo de Teachers Insurance and Annuity Association of America y de College Retirement Equities Fund. Entre sus muchas distinciones se cuenta la de ser el primer negro jefe de una de las 500 principales empresas de servicios elegidas por *Fortune.* Su esposa, Dolores Duncan, es presidenta del Fund for Corporate Initiatives, Inc., organización sin ánimo de lucro dedicada a fortalecer el papel de la mujer y de las minorías en el mundo corporativo.

Larry Wilson

Nacido en Louisville, Kentucky, Wilson se crió en Minnesota y se graduó en la Universidad de Minnesota con diploma de maestro. Después de enseñar durante un año, trabajó como vendedor de seguros y a los veintinueve años ingresó como miembro vitalicio (el más joven hasta entonces) de la Mesa Redonda del Millón de Dólares de esa industria. En 1965 fundó la Wilson Learning Corporation, que es hoy una firma multinacional de investigación y capacitación corporativa. Después de venderle la Wilson Learning Corporation a John Wiley & Sons, Wilson fundó en Santa Fe, Nuevo México, el grupo Wilson Learning Interactive Technology, en asocio de Wiley. Es también fundador de la Alliance for Learning, consorcio de grandes corporaciones dedicado al fomento de la educación de adultos.

Renn Zaphiropoulos

Hijo de un capitán de mar, Zaphiropoulos nació en Grecia y se crió en Egipto. Obtuvo grados de bachiller y de máster en física en la Universidad Lehigh y es dueño de veintinueve patentes. Ha sido director adjunto de investigación y desarrollo de Chromatic Television Laboratories, donde su trabajo condujo al desarrollo del TRINITRON, y fue pionero en el desarrollo de la técnica de escritura láser para producción tipográfica. En 1969 fue cofundador de Versatec, principal fabricante mundial de impresoras y filmadoras láser que se fusionó con Xerox en 1979. Con frecuencia dicta conferencias en universidades y foros públicos y profesionales; es escritor, navegante y cocinero. En 1989 se retiró de Versatec y Xerox. Es miembro de las juntas directivas de cinco compañías y consejero sobre "Cómo cultivar la excelencia y el liderazgo empresarial".

Agradecimientos

Hace muchos años, le pregunté al poeta Karl Shapiro para quién escribía, o en quién pensaba, si es que pensaba en alguien, cuando escribía sus versos. Sin titubear me contestó que en Catulo. Le hice la misma pregunta a Abraham Maslow y me dijo que en Spinoza. Supongo, pues, que todos los que escribimos, ya sea para la posteridad o sólo para mañana, tenemos en la mente algún jurado remoto y excelso para el cual escribimos. En cuanto a mí, mis jueces están por todo el mapa: mi primer consejero de confianza, Doug McGregor, desde luego; mis maestros Alex Bavelas, Herb Shepard, Paul Samuelson y Ken Benne, sin duda; mi "colegio invisible" de gigantes intelectuales que siempre me lisonjean leyendo y comentando mis esfuerzos: John Gardner, James MacGregor Burns, David Riesman y Peter Drucker. Y, claro, escribo para mis hijos, Kate, John y Will. Me hago la ilusión de que algún día en una de sus clases les señalen como "lectura requerida" algún artículo o libro mío y se sientan orgullosos de su padre. A propósito, mi hijo Will merece mención especial por haber sido uno de los primeros lectores del manuscrito y haberme ayudado a corregir mi vacilante ortografía.

Hay también colegas, verdaderos colegas, con quienes he sostenido extensas conversaciones a lo largo de los años, en busca de respuestas, tanto personales como profesionales; en cierto modo, he estado unido a ellos en meditaciones distantes pero conjuntas sobre cuestiones acerca del poder y del cambio, de la relación entre la teoría y la práctica, de los sueños y de la realidad. Rara vez me veo con estos individuos, pero cuando nos encontramos por casualidad en alguna reunión o un aeropuerto, inmediatamente iniciamos conversaciones a la vez íntimas y fructíferas. Tengo una deuda intelectual para con todos ellos:

Edgar H. Schein, Abraham Zaleznik, Harry Levinson, Tom Cronin, Will Schutz, Dick Beckhard y Pául Lawrence. Conociendo a estos individuos como los conozco, tengo la sensación reconfortante de encontrarme a sólo un telefonazo de distancia de la omnisciencia.

Tengo una deuda intelectual para con tres personas que dedicaron tiempo a leer el libro en una de sus primeras etapas y han apoyado sin desmayo mis esfuerzos. Su amplia lucidez mental me ayudó enormemente a pulir y terminar el libro: Jim O'Toole, Morgan McCall y Rosabeth Moss Kanter. Su consejo intelectual, su amistad y su apoyo no tienen precio.

Debo expresar mis agradecimientos a muchos otros colegas: Ian Mitroff, Arvind Bhambri, Barry Leskin, Steve Kerr, Harry Bernhard y Burt Nanus han sido, todos ellos, fuentes de amistad y de apoyo, lo mismo que los integrantes del alto equipo administrativo y de la junta directiva del Foothill Group, especialmente Don Gevirtz, Art Malin, Gary Wehrle, Peter Schwab y Joe Coykendall.

También quiero darles las gracias a unas pocas personas que en una u otra forma contribuyeron a este libro: a Ann Dilworth, mi diligente y talentosa editora, quien lo pastoreó desde sus informes etapas iniciales hasta su forma actual; a Jim Stein, mi agente literario; a Doris MacPherson, quien realizó pacientemente el trabajo de mecanografía e hizo comentarios prácticamente a todas las páginas del original; a Peggy Clifford quien ayudó a lanzar los dos primeros borradores del libro; a la Escuela de Administración de Empresas de la Universidad del Sur de California, que me ha prestado generoso apoyo durante los últimos nueve años; y a Judith Garwood, de quien se puede decir que fue coautora del producto final.

Por último, un millón de gracias a mi esposa, Mary Jane O'Donnell, que ha sido mi caja de resonancia, mi crítica, mi compañera y mi fuente inagotable de apoyo y generosidad. Ella es una de las bendiciones perdurables de la vida.

Bibliografía

Introducción

2 Ralph Waldo Emerson, "The Poet", *Essays: Second Series* (1844).
3 Harlan Cleveland, *The Knowledge Executive*, E. P. Dutton (1985).
3 Georges Braque, *Pensées sur l'Art.*
6 Thomas Carlyle, *Sartor Resartes* (1837).

Capítulo 1: El dominio del contexto

11 *Time*, noviembre 9 de 1987.
13 "The Best B-Schools", *Business Week*, noviembre 28 de 1988.
17 James Madison, *The Federalist*, #10 (1787).
17 Robert N. Bellah, Richard Madsen, William Sullivan, Ann Swidler y Steven Tipton, *Habits of the Heart*, Harper & Row (1985).
18 Alfred North Whitehead, *Dialogues* (1954).
20 Wallace Stevens, "Six Significant Landscapes", *Collected Poems of Wallace Stevens*, Knopf (1978).

Capítulo 2: Comprensión de lo básico

35 Henry Kissinger, en una entrevista radial en la KCET, Los Angeles, noviembre 14 de 1988.
39 Abraham Zaleznik, "Managers and Leaders: Are They Different?" *Harvard Business Review*, mayo-junio de 1977.
40 Sonya Friedman, "An Interview With Sonya Friedman", *Q Magazine*, marzo de 1987.

Capítulo 3: Hay que conocerse a sí mismo

43 William James, *Letters of William James*, vol. I (1878).
45 Gib Akin, "Varieties of Managerial Learning", *Organizational Dynamics.*
50 David Riesman con Nathan Glazer y Reuel Denney, *The Lonely Crowd*, Yale University Press (1950).
51 Boris Pasternak, *Doctor Zhivago*, Pantheon (1958).
52 William James, *Principles of Psychology* (1890).
52 Erik Erikson, *Life Cycle Completed*, Norton (1982).

Capítulo 4: Hay que conocer el mundo

60 James W. Botkin, Mahdi Elmandjra y Mircea Malitza, *No Limits to Learning*, Pergamon Books (1979).
64 Victor Goertzel y Mildred Goertzel, *Cradles of Eminence*, Little, Brown (1962).
66 Richard Wilbur, *Ceremony and Other Poems* (1950), Harcourt Brace.
66 Allan Bloom, *The Closing of the American Mind*, Simon & Schuster (1987).
66 E. D. Hirsch, Jr., *Cultural Literacy: What Every American Needs to Know*, Houghton Mifflin, (1987).
66 Diane Ravitch y Chester E. Finn, Jr., *What Do Our 17-Year-Olds Know?* Harper & Row (1987).
67 Lynne Cheney, "My Turn", *Newsweek*, agosto 11 de 1986.
67 Roger Smith, *Educating Managers*, Jossey-Bass (1986).
68 Frank Stanton, *Chronicle of Higher Education*, septiembre de 1986.
69 Ray Bradbury, "Management From Within", *New Management*, vol. 1, No. 4, 1984.
74 Joseph Campbell con Bill Moyers, *Power of Myth* (1988).
77 J. Robert Oppenheimer, *Science and the Common Understanding*, Simon and Schuster (1957).
77 John Cleese, "No More Mistakes and You're Through", *Forbes*, mayo de 1988.

Capítulo 5: Actuar por instinto

83 Carl Sagan, *The Dragons of Eden*, Random House (1977).
92 Wallace Stevens, *Necessary Angel*, Vintage (1942).
92 Henry James, *Notebooks of Henry James*, editado por F. O. Matthiessen y Kenneth B. Murdock, Oxford University Press (1961).

Capítulo 6: Dejar surgir el yo: Golpee recio; pruébelo todo

111 Mark Salzman, "Wushu: Meditation in Motion", *New York Times Magazine*, marzo de 1987.
111 George Leonard, *Esquire*, marzo de 1986.
115 Carlos Fuentes, citado en *Elle*.

Capítulo 7: Cómo pasar por el caos

121 Jacob Bronowski, *Ascent of Man*, Little, Brown (1973).
122 Morgan McCall y Michael Lombardo, estudio citado en "Learning the Lessons of Successful Leadership", *Success*, abril de 1984.
123 John Keats, carta a sus hermanos, George y Thomas (1817).
123 John Gardner, "Leadership Papers", Leadership Studies Program Independent Sector (1987).
128 Lynn Harrell, *Ovation*.

Capítulo 8: Ponga a los demás de su parte

135 Max De Pree, *Leadership Is an Art*, University of Michigan Press (1988).
136 William Frederick y James Weber, estudio, University of Pittsburgh (1988).
137 Marilyn Cash Mathews, estudio, Washington State University, (1988).

Capítulo 9: La organización puede ayudar ... a estorbar

147 Tom Peters, comunicación personal.
150 Tom Peters, *Thriving on Chaos*, Knopf (1987).
151 Albert Einstein, carta.
152 Morgan McCall, Jr., Michael Lombardo y Ann Morrison, *The Lessons of Experience*, Lexington Books (1988).
153 Lyman W. Porter y Lawrence E. McKibbon, *Management Education and Development: Drift or Thrust into the 21st Century*, McGraw-Hill (1988).

Capítulo 10: Forjando el futuro

160 Rosabeth Moss Kanter, *When Giants Learn to Dance*, Simon & Schuster (1989).
161 Max De Pree, *Leadership Is an Art*, University of Michigan Press (1988).
164 D. Verne Morland, "Lear's Fool: Coping With Change Beyond Future Shock", *New Management*, Vol. II, No. 2.
166 J. Sterling Livingston, "Pygmalion in Management", *Harvard Business Review*, septiembre-octubre de 1988.
167 Elizabeth Drew "Letter From Washington", *The New Yorker*, octubre 10 de 1988.
168 James O'Toole, *Vanguard Management*, Doubleday (1985).

Indice